HARRAP'S
GRAMMAIRE
ESPAGNOLE

HARRAP'S

Grammaire espagnole

HARRAP

© Éditions Larousse, 2012
21, rue du Montparnasse
75283 Paris Cedex 06, France

HARRAP's® est une marque de Larousse SAS
www.harrap.com

ISBN 978 2 81 870036 5

Directeur de projet : Georges Pilard
Avec : Nadia Cornuau, Laurence Larroche
Direction éditoriale : Anna Stevenson
Prépresse : Nicolas Echallier
Maquette : Chambers Harrap Publishers Ltd, Edinburgh

Toute représentation ou reproduction, intégrale ou partielle, faite sans le consentement de l'auteur, ou de ses ayants-droit, ou ayants-cause, est illicite (article L. 122-4 du Code de la Propriété Intellectuelle). Cette représentation ou reproduction, par quelque procédé que ce soit, constituerait une contrefaçon sanctionnée par l'article L. 335-2 du Code de la Propriété Intellectuelle.

Les termes considérés comme des marques déposées sont signalés dans cet ouvrage par ®. Cependant la présence ou l'absence de ce symbole ne constitue nullement une indication quant à la valeur juridique de ces termes.

Imprimé en Italie par LegoPrint
Dépôt légal : janvier 2009
306117-01/11013466 – janvier 2012

Préface

Cette grammaire espagnole a été conçue pour répondre aux besoins de ceux qui pratiquent et étudient cette langue. Du débutant à l'utilisateur plus avancé, elle permet d'acquérir et/ou de réviser les mécanismes de l'espagnol.

Les règles essentielles sont clairement expliquées et illustrées par de très nombreux exemples de la vie quotidienne. Un glossaire de termes grammaticaux de la page 11 à la page 19 permet de se repérer et de mieux comprendre les termes employés tout au long de l'ouvrage.

Cette nouvelle édition s'est enrichie d'un chapitre sur les expressions idiomatiques espagnoles.

Cette grammaire de poche, très vivante et représentative de l'espagnol d'aujourd'hui, est l'outil de référence idéal pour ceux qui recherchent un ouvrage pratique et accessible.

Table des matières

Glossaire des termes grammaticaux		11
1	Les articles	20
	A FORMES	20
	B EMPLOI	22
	C CAS DANS LESQUELS ON N'EMPLOIE AUCUN ARTICLE	25
	D LES NOMS DE PERSONNES, DE PAYS, ETC.	26
	E L'ARTICLE NEUTRE lo	28
2	Les noms	30
	A LE GENRE	30
	B LE PLURIEL	33
	C DEUX EMPLOIS PARTICULIERS	36
3	Les adjectifs	37
	A LA FORMATION DU PLURIEL ET DU FÉMININ	37
	B L'APOCOPE DE L'ADJECTIF	38
	C L'ACCORD	39
	D LA PLACE DE L'ADJECTIF	40
	E POUR MODIFIER LA FORCE D'UN ADJECTIF	40
	F LES LOCUTIONS ADJECTIVALES	42
4	Les augmentatifs et les diminutifs	43
	A FORMES	43
	B EMPLOI	44
5	Les adverbes	47
	1 Les adverbes de manière	47
	2 Les adverbes de temps	48
	3 Les adverbes de lieu	50
	4 Les adverbes d'intensité	52
	5 La place des adverbes dans la phrase	53
6	La comparaison	55
	A LA COMPARAISON DE SUPÉRIORITÉ ET D'INFÉRIORITÉ	55
	B LA COMPARAISON D'ÉGALITÉ	58
	C AUTRES LOCUTIONS COMPARATIVES	59
	D LA FORME SUPERLATIVE	60
7	Les pronoms personnels	62
	A FORMES	62
	B EMPLOI	66

8	La possession		76
	A	**LES ADJECTIFS ET LES PRONOMS POSSESSIFS : FORMES**	76
	B	**LES ADJECTIFS ET LES PRONOMS POSSESSIFS : EMPLOI**	77
	C	**L'EXPRESSION DE LA POSSESSION EN GÉNÉRAL**	79
9	Les démonstratifs		81
	A	**LES ADJECTIFS DÉMONSTRATIFS**	81
	B	**LES PRONOMS DÉMONSTRATIFS**	82
10	Les mots interrogatifs		85
	A	**LES ADJECTIFS INTERROGATIFS**	85
	B	**LES PRONOMS INTERROGATIFS**	85
	C	**LES ADVERBES INTERROGATIFS**	86
11	Les pronoms relatifs		88
	A	**FORMES**	88
	B	**EMPLOI**	89
12	Les adjectifs et les pronoms indéfinis		93
	A	**LES ADJECTIFS INDÉFINIS : FORMES**	93
	B	**LES PRONOMS INDÉFINIS : FORMES**	94
	C	**LES ADJECTIFS INDÉFINIS : EMPLOI**	95
	D	**LES PRONOMS INDÉFINIS : EMPLOI**	96
13	Les verbes		99
	A	**LES DIFFÉRENTES CATÉGORIES DE VERBES : LES CONJUGAISONS**	99
	B	**LA FORMATION DES TEMPS**	99
		1 Les temps simples	99
		2 Les temps composés	107
		3 Les temps du mode subjonctif	111
		4 L'impératif	114
		5 Les verbes dont le radical change	115
		6 Les tableaux de conjugaison	124
	C	**LES VERBES SUIVIS D'UNE PRÉPOSITION**	136
	D	**LES VERBES SUIVIS DE L'INFINITIF**	138
	E	**EMPLOIS**	141
		1 Emplois de l'infinitif	141
		2 Pour exprimer le présent	144
		3 Pour exprimer le futur	146
		4 Pour exprimer le passé	149
		5 Emplois du conditionnel	153
		6 Emplois du subjonctif	154
		7 Emplois de l'impératif	158
		8 Emplois du participe présent	159
		9 Emplois du participe passé	160
		10 Le passif	161
		11 Le verbe à la forme réfléchie	162
		12 Les questions	164
		13 Les négations	165

	14	Pour mettre l'action en relief	169
	15	Traduction du verbe "avoir"	169
	16	Traduction du verbe "devenir"	171
	17	Traduction du verbe "être"	172
	18	Traduction du verbe "faire"	177
	19	Certains verbes transitifs indirects espagnols	179
14	Les prépositions		181
	A	FORMES ET EMPLOI	181
	B	"A" DEVANT LE COMPLÉMENT D'OBJET DIRECT	192
	C	NE CONFONDEZ PAS...	193
15	Les conjonctions		197
	A	FORMES	197
	B	EMPLOI	200
16	Les nombres, la date, l'heure, etc.		203
	A	FORMES	203
	B	EMPLOI	206
17	La structure de la phrase		216
18	L'accentuation		220
19	Communiquer en espagnol		225
	A	L'AFFIRMATION, LE DOUTE, LE DÉMENTI	225
	B	LES CONDITIONS	227
	C	LES DEMANDES ET LES ORDRES	232
	D	LES INTENTIONS ET LES OBJECTIFS	234
	E	"MALGRÉ", "EN DÉPIT DE", "BIEN QUE" ET AUTRES NOTIONS SIMILAIRES	235
	F	LA NÉGATION D'UNE AFFIRMATION PRÉCÉDENTE	237
	G	L'OBLIGATION	238
	H	LA PERMISSION, L'INTERDICTION	240
	I	LA POSSIBILITÉ, L'IMPOSSIBILITÉ	241
	J	LA PROBABILITÉ, L'IMPROBABILITÉ	243
	K	LE REMERCIEMENT	243
	L	LES SENTIMENTS, LES CRAINTES, LES ESPOIRS, LES REGRETS	245
	M	LES SOUHAITS, LES DÉSIRS, LES PRÉFÉRENCES	250
	N	LA SUPPOSITION	250
20	Les expressions espagnoles à connaître		252
Index			265

Glossaire des termes grammaticaux

ABSTRAIT	Un nom abstrait est un nom qui ne désigne pas un objet physique concret ou une personne, mais une qualité ou un concept. *Bonheur, vie, longueur* sont des exemples de noms abstraits. Autres exemples en espagnol : honradez, tristeza, amor, etc.
ACCENTUÉE (FORME)	Les formes accentuées des adjectifs possessifs sont celles qui se placent après le nom (mío, tuyo, suyo, etc.), par opposition aux formes atones. Voir ATONE (FORME).
ACCORD	En espagnol, les adjectifs, les articles et les pronoms s'accordent en genre et en nombre avec le nom ou le pronom auquel ils se rapportent. Ceci signifie que leur terminaison change suivant le **genre** du nom (masculin ou féminin) et son **nombre** (singulier ou pluriel).
ACTIF	La voix active d'un verbe correspond aux phrases dont le sujet est considéré comme agissant, par exemple *mon père lave la voiture*. On l'oppose normalement à la voix passive du verbe, qui correspond à *la voiture est lavée par mon père*. Voir PASSIF.
ADJECTIF	Mot adjoint au nom pour le décrire ou le déterminer. Parmi les adjectifs on distingue les adjectifs qualificatifs (*une petite maison* ; un hombre simpático), les adjectifs démonstratifs (*cette maison* ; este hombre), les adjectifs possessifs (*ma maison* ; mi hermano), etc.
ADVERBE	Les adverbes accompagnent le plus souvent un verbe pour ajouter une information supplémentaire en indiquant **comment, quand, où** et **avec quelle intensité** l'action est accomplie (adverbes

GLOSSAIRE

de manière, de temps, de lieu et d'intensité). Certains adverbes peuvent s'employer avec un adjectif ou un autre adverbe (par exemple *une fille très mignonne, il est trop bien* ; es muy alto, andas demasiado lentamente).

ANTÉCÉDENT	Mot représenté par un pronom. Par exemple, dans la casa que ves allá, casa est l'antécédent du pronom relatif que.
APOCOPE	Chute d'une ou plusieurs lettres à la fin d'un mot. Par exemple, en français, *jusque* s'apocope en *jusqu'* devant un mot commençant par une voyelle ; en espagnol, alguno et ninguno s'apocopent en algún et ningún devant un nom masculin singulier.
APPOSITION	On dit qu'un mot ou une proposition est en apposition par rapport à un autre mot ou à une autre proposition lorsque l'un ou l'autre est placé directement après le nom ou la proposition, sans y être relié par aucun mot (par exemple *M. Duclos, notre directeur, a téléphoné ce matin* ; el siglo XX, época de grandes conflictos).
ARTICLE DÉFINI	Les articles définis sont *le, la, les* en français, et el, la, los, las en espagnol.
ARTICLE INDÉFINI	Les articles indéfinis sont *un, une, des* en français et un, una, unos, unas en espagnol.
ATONE (FORME)	Les formes atones des adjectifs possessifs sont celles qui se placent avant le nom (mi, tu, su, etc.), par opposition aux formes accentuées. Voir ACCENTUÉE (FORME).
ATTRIBUT	Nom ou, le plus souvent, adjectif relié au sujet ou au complément d'objet par le verbe *être* ou un autre verbe d'état. Par exemple, en français : *je suis fatigué* ; en espagnol : pareces cansado.
AUGMENTATIF	On ajoute un augmentatif à un nom (parfois à un adjectif) pour indiquer la grandeur ou le côté maladroit et laid. Par exemple un hombrón, una mujerona.

GLOSSAIRE

AUXILIAIRE — Les auxiliaires sont des verbes qui servent à former les temps composés d'autres verbes. En français, *avoir* et *être* sont des auxiliaires. Les principaux auxiliaires espagnols sont haber, estar et ser.

CARDINAL — Aux nombres cardinaux comme *un, deux, quatorze* ; tres, quince, cien, on oppose les nombres ordinaux (*premier, deuxième* ; primero, segundo). Voir ORDINAL.

COMPARATIF — Le comparatif des adjectifs et des adverbes permet d'établir une comparaison entre deux personnes, deux choses ou deux actions. En français, on emploie *plus... que* (comparatif de supériorité), *moins... que* (comparatif d'infériorité) et *aussi/autant... que* (comparatif d'égalité). Les équivalents espagnols sont más... que, menos... que et tan/tanto... como.

COMPLÉMENT D'OBJET DIRECT — Groupe nominal ou pronom qui accompagne un verbe (dit "verbe transitif direct"), sans préposition entre les deux, par exemple *j'ai rencontré un ami* ; comimos pollo. En espagnol, malgré la présence de la préposition a entre le verbe transitif direct et le complément de personne, celui-ci est toujours considéré comme un complément d'objet direct (par exemple vimos al novio de Elena).

COMPLÉMENT D'OBJET INDIRECT — Groupe nominal ou pronom qui accompagne un verbe (dit "verbe transitif indirect"), séparé de ce dernier par une préposition, hablo con mi amigo, *je parle à mon ami*. Vous noterez qu'en français on omet souvent la préposition devant un pronom. Par exemple, dans *je lui ai envoyé un cadeau*, *lui* est l'équivalent de *à lui* : c'est le complément d'objet indirect. De même, dans la phrase espagnole le di una bofetada, le est le complément d'objet indirect. Attention : ne confondez pas la préposition a qui introduit le complément d'objet **indirect** et celle qui précède obligatoirement le complément **direct** de personne : comparez he escrito a mi

GLOSSAIRE

	prima (escribir a = *écrire à*, verbe transitif indirect) et he visto a mi prima (ver ø = *voir ø*, verbe transitif direct).
CONJONCTION	Les conjonctions sont des mots qui relient deux mots ou deux propositions (*et, ou, mais*). On distingue les conjonctions de coordination, comme y, o, pero ; et les conjonctions de subordination comme que, si, aunque.
DÉMONSTRATIF	Les adjectifs démonstratifs (*ce, cette, ces* ; este, ese, aquella, etc.) et les pronoms démonstratifs (*celui-ci, celui-là* ; éste, ése, aquélla, etc.) s'emploient pour désigner une personne ou un objet bien précis. En espagnol, les pronoms démonstratifs prennent un accent écrit qui les distingue de la forme équivalente de l'adjectif démonstratif.
DIMINUTIF	On ajoute un diminutif à un nom (parfois à un adjectif) pour indiquer qu'une chose ou une personne est petite ou pour exprimer à son égard une attitude favorable du locuteur. Par exemple un pajarito, una mujercita.
DIPHTONGUE	Voyelle dont la prononciation change en cours d'émission, à l'intérieur de la même syllabe.
ÉPITHÈTE	Adjectif ou nom qui n'est pas relié au nom par un verbe, par opposition à l'attribut. Par exemple, en français : *un petit paquet* ; en espagnol : una flor roja.
EXCLAMATION	Mot ou phrase employés pour exprimer la surprise, la joie, le mécontentement, etc. (*quoi !, comment !, quelle chance !, ah non !*). En espagnol, les points d'exclamation sont à l'envers en tête du membre de phrase exclamatif, comme dans ¡caramba!.
FÉMININ	Voir GENRE.
GENRE	Le genre d'un nom indique s'il est **masculin** ou **féminin**. En espagnol comme en français, le genre d'un nom représentant une personne n'est pas toujours déterminé par le sexe de cette dernière. Par exemple, la víctima (*la victime*) est un

GLOSSAIRE

	nom féminin, qu'il s'agisse d'un homme ou d'une femme.
IDIOMATIQUE	Se dit d'un emploi ou d'une expression propres à une langue donnée et qui ne peuvent donc pas se traduire mot à mot dans une autre langue. Par exemple, l'expression *il pleut des cordes* se traduit en espagnol par *está lloviendo a cántaros*. L'emploi de *al* + infinitif ou du futur pour exprimer la probabilité sont deux exemples d'emplois idiomatiques espagnols.
INDÉFINI	Les pronoms et les adjectifs indéfinis sont des mots qui ne se rapportent pas à des personnes ou des choses précises (par exemple *chaque*, *quelqu'un*, etc.).
INTERROGATIF	Les mots interrogatifs sont employés pour formuler une question. Il peut s'agir d'une question directe (*quand arriveras-tu ?*) ou d'une question indirecte (*je ne sais pas quand il arrivera*). Voir QUESTION.
INTRANSITIF	Se dit d'un verbe qui n'a pas de complément d'objet et dont l'action se limite au sujet, par opposition à un verbe transitif. Par exemple, *marcher* ou *hablar* sont des verbes intransitifs.
LOCUTION	Groupe de mots figé ayant une fonction grammaticale. On trouve par exemple des locutions adjectivales (à valeur d'adjectif) : *une maison au toit de tuiles*, *el hombre del bigote rubio* ; des locutions adverbiales (à valeur d'adverbe) : *tout de suite*, *mientras tanto*, etc.
MASCULIN	Voir GENRE.
NEUTRE	Se dit des noms dépourvus de genre propre. En espagnol, seuls l'article défini *lo*, le pronom *ello* et les pronoms démonstratifs *esto*, *eso* et *aquello* sont neutres. Les adjectifs qui les accompagnent se mettent au masculin (*aquello es ridículo*).
NOM	Mot servant à désigner une chose, un être animé, un lieu ou des idées abstraites. Par exemple *passeport*, *facteur*, *chat*, *magasin*, *vie* ; autres exemples

GLOSSAIRE

	en espagnol : lata, enfermera, gato, colegio, felicidad.
NOM COMPOSÉ	Les noms composés sont des noms formés de deux mots distincts ou plus. En français, *porte-feuille*, *chou-fleur* sont des noms composés. Exemples en espagnol : coliflor, fecha límite.
NOMBRE	Le nombre d'un nom indique si celui-ci est **singulier** ou **pluriel**. Un nom singulier fait référence à une seule chose ou une seule personne (*train*, *garçon* ; cuerda, hermano) et un nom pluriel à plusieurs (*trains*, *garçons* ; cuerdas, hermanos).
OBJET DIRECT	Voir COMPLÉMENT.
OBJET INDIRECT	Voir COMPLÉMENT.
ORDINAL	Les nombres ordinaux sont *premier*, *deuxième*, *troisième*, *quatrième*, etc. ; primero, segundo, tercero, cuarto, etc. Voir CARDINAL.
PARTITIF	En français, l'article partitif *de* permet de désigner une partie par rapport à un tout qu'on ne peut pas dénombrer. Il n'a pas d'équivalent en espagnol.
PASSIF	Un verbe est à la voix passive lorsque le sujet n'accomplit pas l'action mais la subit. En français, le passif se forme avec le verbe *être* et le participe passé du verbe, par exemple, *il est aimé*. Cette structure est également possible en espagnol (la obra fue publicada en 2003), mais il y a d'autres façons d'exprimer le passif, par exemple par l'emploi de la forme réfléchie (la obra se publicó en 2003). Voir ACTIF.
PLURIEL	Voir NOMBRE.
POSSESSIF	Les adjectifs et les pronoms possessifs s'emploient pour indiquer la possession ou l'appartenance. Ce sont des mots comme *mon/le mien*, *ton/le tien*, *notre/le nôtre*, etc. ; mi/el mío, tu/el tuyo, nuestro/el nuestro, etc.
PRÉPOSITION	Les prépositions introduisent le complément d'un nom, d'un verbe, d'un adjectif ou d'un adverbe.

GLOSSAIRE

	Ce sont des mots tels que *avec*, *dans*, *vers*, *à* ou, en espagnol, a, de, sin, sobre. Ils sont normalement suivis d'un nom ou d'un pronom.
PRINCIPALE	Au sein d'une phrase, la proposition principale est celle dont dépendent les autres propositions (dites "subordonnées"). Par exemple, pienso dans pienso que tienes razón. Voir SUBORDONNÉE.
PROGRESSIVE (FORME)	En espagnol, la forme progressive est formée de estar + participe présent, par exemple estoy hablando, está escribiendo. D'autres verbes équivalents peuvent être utilisés à la place de estar (ir, venir, llevar). La forme progressive espagnole correspond à *être en train de* en français.
PRONOM	Mot qui remplace un nom. Les principales catégories de pronoms sont les : * pronoms relatifs (*qui*, *que*, etc. ; que, quien, etc.) * pronoms interrogatifs (*qui ?*, *quoi ?*, *lequel ?*, etc. ; ¿quién?, ¿qué?, ¿cuál?, etc.) * pronoms démonstratifs (*celui-ci*, *celui-là*, etc. ; éste, ése, aquél, etc.) * pronoms possessifs (*le mien*, *le tien*, *le sien*, etc. ; el mío, el tuyo, el suyo, etc.) * pronoms personnels (*je*, *moi*, *lui*, etc. ; yo, mí, él, etc.) * pronoms réfléchis (*me*, *se*, etc. ; me, se, etc.) * pronoms indéfinis (*quelque chose*, *quelqu'un*, *tout*, etc. ; algo, alguien, todo, etc.)
PRONOMINAUX	Les verbes pronominaux sont des verbes accompagnés d'un pronom réfléchi (*me*, *te*, *se*, *nous*, *vous* ; me, te, se, nos, os) représentant la même personne ou la même chose que le sujet. On distingue les verbes pronominaux réfléchis (voir RÉFLÉCHI), les verbes pronominaux non réfléchis (*s'envoler* ; caerse) et les verbes pronominaux réciproques (voir RÉCIPROQUE). Les verbes pronominaux espagnols s'emploient aussi pour exprimer le passif (voir PASSIF).
PROPOSITION	Une proposition est un groupe de mots qui contient au moins un sujet et un verbe : *il dit* ou nos

GLOSSAIRE

	paseamos sont des propositions. Une phrase peut être constituée de plusieurs propositions : dijo I que me llamaría I si le daba tiempo. Voir PRINCIPALE et SUBORDONNÉE.
QUESTION	Il existe deux types de questions : les questions au style **direct**, qui sont retranscrites telles qu'elles sont dites (par exemple *quand viendra-t-il ?* ou *¿qué pasa?*) ; les questions au style **indirect**, qui sont introduites par une proposition et ne nécessitent pas de point d'interrogation (par exemple *je me demande quand il viendra* ; no sé si va a funcionar). Les questions au style direct commencent par un point d'interrogation à l'envers en espagnol, comme dans ¿qué haces?.
RADICAL DU VERBE	Le radical du verbe est "l'unité de base" à laquelle on ajoute diverses terminaisons. Pour obtenir le radical d'un verbe espagnol, il suffit d'enlever la terminaison de l'infinitif -ar, -er ou -ir. Ainsi le radical de hablar est habl-, le radical de beber est beb-, et le radical de vivir est viv-.
RÉCIPROQUE	Les verbes réciproques indiquent une action exercée par plusieurs sujets les uns sur les autres, par exemple *se saluer* (*nous nous sommes salués*) ou, en espagnol, escribirse (se escriben regularmente). Ils comportent toujours un pronom réfléchi.
RÉFLÉCHI	Les verbes réfléchis "renvoient" l'action sur le sujet (par exemple *je me suis habillé* ; se están duchando). Ils comportent toujours un pronom réfléchi.
SUBORDONNÉE	Au sein d'une phrase, la subordonnée est une proposition qui dépend de la proposition principale. Sans cette dernière, la proposition subordonnée ne formerait pas une phrase complète du point de vue syntaxique. Par exemple *il dit que ce n'est pas vrai* ; te llamaré cuando haya terminado los deberes. Voir PRINCIPALE.
SUFFIXE	Élément placé après une racine ou un radical pour former un dérivé.

GLOSSAIRE

SUPERLATIF	C'est le degré le plus élevé de la comparaison. On distingue d'une part le superlatif relatif qui se construit en français avec *le plus...*, *le moins...* et en espagnol avec *más...*, *menos...*, et d'autre part le superlatif absolu (*très sympathique* ; muy simpático, simpatiquísimo).
TEMPS COMPOSÉ	Les temps composés sont des temps verbaux formés de plus d'un élément. En espagnol, les temps composés d'un verbe se forment avec l'**auxiliaire** et le **participe passé** ou le **participe présent** : han llegado, estoy hablando.
TERMINAISON	La terminaison d'un verbe est déterminée par la personne (1ère, 2ème, 3ème), par le nombre (singulier/pluriel) de son sujet, et par le temps employé.
TRANSITIF	Se dit d'un verbe qui se construit avec un complément d'objet. Les verbes transitifs s'opposent aux verbes intransitifs. Les verbes transitifs directs régissent leur complément (complément d'objet direct) sans intermédiaire ; c'est le cas de *manger* ou dibujar. Les verbes transitifs indirects régissent leur complément (complément d'objet indirect) par l'intermédiaire d'une préposition ; par exemple, *parler à* ou soñar con.
TRIPHTONGUE	Voyelle dont la prononciation change deux fois en cours d'émission, à l'intérieur de la même syllabe.

1 LES ARTICLES

A FORMES

1 L'article défini

a) *La forme habituelle*

L'article défini possède une forme masculine et une forme féminine, au pluriel comme au singulier :

	MASCULIN	FÉMININ
singulier	el	la
pluriel	los	las

el señor
le monsieur

los señores
les messieurs

la chica
la fille

las chicas
les filles

Remarque :

En espagnol, la forme féminine de l'article ne s'élide jamais :

la esperanza
l'espoir

la hija
la fille

b) *Une forme particulière du féminin*

Notez que devant les noms féminins commençant par un a- ou un ha- accentué, on emploie el et non pas la :

el agua
l'eau

el hambre
la faim

el águila
l'aigle

Ce changement ne modifie en rien le **genre** du nom. Les autres mots qui accompagnent le nom prennent la marque du féminin :

el agua está fría
l'eau est froide

LES ARTICLES

c) *La contraction de l'article défini masculin*

L'article défini masculin se contracte lorsqu'il est employé avec les prépositions a et de et donne les formes suivantes :

a + el = al   de + el = del

fui al cine   la casa del profesor
je suis allé au cinéma   *la maison du professeur*

Ceci ne se produit pas si le el fait partie d'un titre, d'un nom de ville ou d'un nom de personne prenant une majuscule :

escribí a El Diario   voy a El Escorial
j'ai écrit à El Diario   *je vais à l'Escorial*

es un lienzo de El Greco
c'est un tableau du Greco

d) *Les noms de pays qui sont précédés de l'article défini*

Il existe en espagnol un nom de pays qui doit toujours être accompagné de l'article défini :

la India   *l'Inde*

Les pays suivants peuvent être ou non précédés de l'article :

(el) Brasil   *le Brésil*
(el) Canadá   *le Canada*
(los) Estados Unidos   *les États-Unis*
(el) Perú   *le Pérou*

Les autres noms de pays ne prennent pas d'article. Par exemple :

Francia   *la France*
España   *l'Espagne*

Il existe une exception à cette règle : voir D 2.

2 L'article indéfini

a) *La forme habituelle*

L'article indéfini a une forme masculine et une forme féminine. Ces deux formes peuvent aussi se mettre au pluriel :

	MASCULIN	**FÉMININ**
singulier	un	una
pluriel	unos	unas

un hombre	una cantidad
un homme	*une quantité*

tiene unos ojos preciosos
elle a de très beaux yeux

b) *Une forme particulière du féminin*

Notez que devant les noms féminins commençant par un a- ou un ha- accentué, on emploie un (mais una peut être toléré) :

un hacha	un ala
une hache	*une aile*

Ce changement ne modifie en rien le **genre** du nom. Les autres mots qui accompagnent le nom prennent la marque du féminin :

construyeron un ala nueva
ils ont construit une nouvelle aile

 B EMPLOI

L'emploi des articles définis et indéfinis est très semblable en espagnol et en français. Mais il existe tout de même quelques différences, notamment en ce qui concerne l'emploi de l'article partitif (qui n'existe pas en espagnol) et de l'article neutre (qui n'existe pas en français).

1 Comme en français, les noms qui désignent la totalité de la chose ou des choses auxquelles ils font référence sont précédés de l'article défini en espagnol :

me gusta la cerveza, pero no me gusta el vino
j'aime la bière, mais je n'aime pas le vin

los españoles beben mucho vino
les Espagnols boivent beaucoup de vin

De même, les noms abstraits sont précédés de l'article défini :

la justicia es necesaria si la democracia va a sobrevivir
la justice est nécessaire pour que la démocratie survive

la inflación está subiendo
l'inflation augmente

LES ARTICLES

2 Les noms de langues sont précédés de l'article défini :

el español es muy interesante, pero no me gusta el francés
l'espagnol est très intéressant, mais je n'aime pas le français

Cependant, on n'emploie aucun article après les prépositions en et de, et les verbes hablar et estudiar :

el libro está escrito en español
le livre est écrit en espagnol

¿hablas español?
est-ce que tu parles espagnol ?

estudio español
j'étudie l'espagnol

Si l'on fait référence à un exemple particulier de la langue, plutôt qu'à la langue dans son ensemble, on emploie l'article indéfini :

Thomas habla un español excelente
Thomas parle un espagnol excellent

3 La règle du paragraphe 2 s'applique aussi aux noms de disciplines scolaires :

no me gustan las matemáticas, prefiero la física
je n'aime pas les maths, je préfère la physique

mais on ne met pas d'article dans les cas suivants :

es licenciado en física
il a une licence de physique

he comprado un libro de química
j'ai acheté un livre de chimie

estudia matemáticas
elle étudie les mathématiques

4 Les noms de maladies prennent généralement l'article défini, sauf s'il s'agit d'un cas particulier, auquel cas on n'emploie pas d'article :

¿tiene algo contra la laringitis?
avez-vous quelque chose pour la laryngite ?

mais :

tengo laringitis
j'ai une laryngite

LES ARTICLES

5 Les parties du corps prennent l'article défini, comme en français :

tiene **el** pelo castaño y **los** ojos verdes
elle a les cheveux bruns et les yeux verts

levantó **la** cabeza
il a levé la tête

su madre le lavó **la** cara
sa mère lui a lavé le visage

6 Avec les vêtements, là où en français on emploie un adjectif possessif, on emploie en espagnol l'article défini :

se puso **la** chaqueta y salió
elle a mis sa veste et elle est sortie

se quitó **el** sombrero
il a enlevé son chapeau

Notez également que, là où le français utilise un verbe transitif, l'espagnol utilise un verbe réfléchi.

7 Emploi de l'article indéfini aux formes du pluriel (**unos**, **unas**) :

a) avec les noms qui n'existent qu'au pluriel ou qui sont normalement employés au pluriel, en particulier les objets qui vont par paire :

compré **unos** pantalones
j'ai acheté un pantalon

b) pour exprimer l'idée de "quelques" :

tengo **unos** libros
j'ai quelques livres

c) pour des approximations numériques :

tendrá **unos** cuarenta años
il doit avoir dans les quarante ans

Remarque :

Attention à l'emploi de **unos** et **unas** qui ne sont pas les équivalents directs de l'article indéfini pluriel français "des" (voir C 1 ci-contre).

C CAS DANS LESQUELS ON N'EMPLOIE AUCUN ARTICLE

1 Il n'y a pas d'équivalent espagnol à l'article partitif français. On n'emploie aucun article lorsque l'on exprime des quantités indéfinies de choses concrètes ou abstraites :

se necesita paciencia
il faut de la patience

tengo libros
j'ai des livres

¿tienes mantequilla?
est-ce que tu as du beurre ?

siempre hay excepciones
il y a toujours des exceptions

no quiero vino, siempre bebo cerveza
je ne veux pas de vin, je bois toujours de la bière

buen número de personas no querían aceptar esto
bon nombre de personnes ne voulaient pas accepter ceci

parte/buena parte/gran parte del dinero se invirtió en el proyecto
une partie/une bonne partie/une grande partie de l'argent a été investie dans le projet

tengo cantidad/infinidad de preguntas que hacerte
j'ai plein/une quantité de questions à te poser

2 On omet souvent (mais pas toujours) l'article dans une tournure négative ou une question :

¿tienes coche? – no, no tengo coche
est-ce que tu as une voiture ? – non, je n'ai pas de voiture

Là encore, on ne fait référence à aucune voiture en particulier. Si l'on voulait faire référence à une voiture en particulier, on emploierait l'article indéfini :

¿tienes un coche rojo?
est-ce que tu as une voiture rouge ?

3 Contrairement au français, l'espagnol n'emploie pas d'article dans les compléments de manière formés d'une préposition, d'un adjectif et d'un nom :

actuó con gran generosidad
il a agi avec une grande générosité

Les articles

4 Il n'y a pas d'article indéfini lorsque le nom est placé après les adjectifs suivants : otro (*autre*), tal, semejante, parecido (qui signifient tous "tel") et cierto (*certain*).

¿me das otro libro, por favor?
tu me donnes un autre livre, s'il te plaît ?

semejante situación nunca se había producido antes
une telle situation ne s'était jamais présentée auparavant

estoy de acuerdo contigo hasta cierto punto
je suis d'accord avec toi jusqu'à un certain point

5 Contrairement au français, il n'y a pas d'article avec le superlatif relatif :

los científicos más famosos del mundo
les savants les plus célèbres du monde

6 On omet l'article avec les noms placés en apposition :

vive en Madrid, capital de España
il vit à Madrid, la capitale de l'Espagne

D LES NOMS DE PERSONNES, DE PAYS, ETC.

La plupart des noms propres, y compris presque tous les noms féminins de pays, ne prennent pas d'article en espagnol (voir A 1d) pour la liste des noms de pays qui peuvent prendre l'article) :

Alemania es un país mucho más rico que España
l'Allemagne est un pays beaucoup plus riche que l'Espagne

Gran Bretaña votó en contra de la propuesta
la Grande-Bretagne a voté contre la proposition

Cependant, on emploie l'article dans les cas suivants :

1 Lorsque le nom d'une personne est précédé d'un titre :

el señor Carballo no estaba
monsieur Carballo n'était pas là

el general Olmeda ya se había marchado
le général Olmeda était déjà parti

Les exceptions à cette règle sont les suivantes :

- les titres **don** et **doña**
- lorsque le titre est employé au discours direct
- les titres étrangers

¿qué piensa de esto, señor Carballo?
que pensez-vous de ceci, monsieur Carballo ?

Lord Byron era un poeta inglés muy conocido
Lord Byron était un poète anglais très célèbre

2 Lorsque le nom est employé avec un adjectif :

el pobre Juan no sabía qué hacer
le pauvre Juan ne savait pas quoi faire

ocurrió muchas veces en la Alemania nazi
ceci s'est produit à maintes reprises dans l'Allemagne nazie

3 Devant les sigles :

Les sigles sont d'un emploi très fréquent en espagnol. Ils sont presque toujours précédés de l'article et leur genre est déterminé par le genre du premier nom de la forme en toutes lettres.

Voici quelques sigles couramment employés :

la UE	la Unión Europea	l'UE
la OTAN	la Organización del Tratado del Atlántico Norte	l'OTAN
una ONG	una Organización no Gubernamental	une ONG
el INEM	el Instituto Nacional de Empleo	≃ l'ANPE
el PSOE	el Partido Socialista Obrero Español	le parti socialiste espagnol
el PP	el Partido Popular	le parti conservateur espagnol
el IVA	el Impuesto sobre el Valor Añadido	la TVA
el PVP	el Precio de Venta al Público	le prix de vente au détail

E L'ARTICLE NEUTRE lo

1 Les noms abstraits

L'article neutre **lo** s'emploie presque exclusivement avec les adjectifs et les adverbes. Lorsqu'il est employé avec un adjectif, il transforme celui-ci en nom abstrait sans en modifier le sens. Par exemple **lo bueno** signifie "ce qui est bon". La traduction de ces "noms" varie en fonction du contexte dans lequel ils sont employés :

lo esencial es que todos estemos de acuerdo
l'essentiel est que nous soyons tous d'accord

lo verdaderamente importante es que todos lo acepten
ce qui est vraiment important, c'est que tout le monde l'accepte

lo más absurdo es que él no sabía nada
le plus absurde, c'est qu'il ne savait rien

2 "Combien", "à quel point"

Lo + adjectif exprime l'idée de "combien" ou "à quel point" dans les constructions comme celles qui suivent. Remarquez que dans ces constructions, l'adjectif s'accorde avec le nom qu'il qualifie. S'il n'y a pas de nom, on emploie la forme masculine :

no me había dado cuenta de **lo caras** que eran esas gafas
je n'avais pas réalisé combien ces lunettes étaient chères

¿no ves **lo estúpido** que es?
ne vois-tu pas à quel point c'est idiot ?

3 Lo que

Lo que correspond au démonstratif neutre français "ce qui" ou "ce que" :

lo que me sorprende es que no haya dicho nada
ce qui me surprend, c'est qu'elle n'ait rien dit

no es **lo que** quería
ce n'est pas ce que je voulais

4 Lo de

Cette tournure n'a pas d'équivalent exact en français. Elle se traduit selon les cas par "ce qui appartient à", "ce qui concerne", etc.

se llevaron todo lo de mis padres
ils ont emporté tout ce qui appartenait à mes parents

lo de Carmen es increíble
ce qui est arrivé à Carmen est incroyable

lo del dinero debe de ser una broma
cette histoire d'argent doit être une plaisanterie

2 LES NOMS

A LE GENRE

En espagnol, tous les noms sont soit masculins soit féminins. Tous les mots (adjectifs ou articles) employés avec un nom s'accordent en genre avec le nom auquel ils se rapportent (pour les exceptions, voir pages 37-8) :

el hombre moreno
l'homme brun

una chica simpática
une fille sympathique

1 Le genre d'après la terminaison

On peut souvent déduire le genre d'un nom d'après sa terminaison :

a) La plupart des noms se terminant par **-o** sont masculins :

el libro	el dinero	el piano
le livre	l'argent	le piano

Quelques mots d'un usage très courant font exception à cette règle :

la radio
la radio

la mano
la main

b) La plupart des noms se terminant par **-a** sont féminins :

la aduana
la douane

la casa
la maison

la mañana
le matin

Voici quelques mots courants qui font exception à cette règle :

el día
le jour

el mapa
la carte

el idioma
la langue

el clima
le climat

La plupart des noms se terminant en **-ema** et quelques noms se terminant en **-ama** sont masculins :

el lema
la devise

el problema
le problème

el sistema
le système

el drama
le drame

el programa	el telegrama
le programme	*le télégramme*

c) Presque tous les noms se terminant par **-d** sont féminins :

la ciudad	la vid	la juventud	la pared
la ville	*la vigne*	*la jeunesse*	*le mur*

la dificultad
la difficulté

d) Presque tous les noms se terminant en **-ión** sont féminins :

la nación	la región
la nation	*la région*

Quelques mots d'un usage très courant font exception :

el camión	el avión
le camion	*l'avion*

2 Le genre d'après le sens

a) *Les personnes et les animaux*

Lorsqu'il s'agit de personnes et d'animaux, la signification du nom détermine souvent son genre. Par exemple :

el hombre	la mujer	la vaca
l'homme	*la femme*	*la vache*

b) *Les noms ayant les deux genres*

Il y a de nombreux noms se terminant en **-ista** qui peuvent être soit masculins soit féminins suivant le sexe de la personne à laquelle ils font référence :

el/la socialista	el/la periodista
le/la socialiste	*le/la journaliste*

el/la artista
l'artiste

Ces noms se terminent en **-a** au masculin comme au féminin.

c) *Les noms possédant une forme différente pour chaque genre*

Certains noms peuvent avoir l'un ou l'autre genre en fonction du sexe de la personne décrite, en particulier pour les noms se rapportant à des professions :

LES NOMS

el camarero *le serveur*	la camarera *la serveuse*
el diputado *le député*	la diputada *la députée*
el niño *l'enfant, le petit garçon*	la niña *l'enfant, la petite fille*

Quelquefois, une modification orthographique plus importante est nécessaire :

el actor *l'acteur*	la actriz *l'actrice*
el emperador *l'empereur*	la emperatriz *l'impératrice*

d) *Les noms en période de transition*

Certains noms connaissent une période de transition. Il s'agit notamment des noms de professions occupées jusqu'à présent en majorité par des hommes.

Par exemple, pour parler d'une femme juge, on entend actuellement aussi bien la juez que la jueza.

e) *Les noms dont le sens change suivant le genre*

Certains noms peuvent avoir les deux genres, mais leur signification change en fonction du genre :

el policía *le policier*	la policía *la police*
el guía *le guide (personne)*	la guía *le guide (livre)*
el capital *le capital*	la capital *la capitale*
el cura *le curé*	la cura *la cure*
el pendiente *la boucle d'oreille*	la pendiente *la pente*
el moral *le mûrier*	la moral *la morale*

LES NOMS

B LE PLURIEL

1 Formation

a) *Terminaisons*

- Les noms se terminant par une voyelle non accentuée prennent un **-s** :

  el libro → los libro**s**
  le livre → les livres

  la regla → las regla**s**
  la règle → les règles

- La plupart des noms se terminant par une voyelle accentuée prennent **-es** :

  el rubí → los rubí**es**
  le rubis → les rubis

  mais certains noms courants ne prennent qu'un **-s** :

  el café → los café**s**
  le café → les cafés

  la mamá → las mamá**s**
  la maman → les mamans

  el papá → los papá**s**
  le papa → les papas

- Les noms se terminant par une consonne autre que **-s** prennent **-es** :

  la tempestad → las tempestad**es**
  la tempête → les tempêtes

  el señor → los señor**es**
  le monsieur → les messieurs

- Les noms se terminant déjà par **-s** :

  Si la dernière syllabe est accentuée, ajoutez **-es** :

  el inglés → los ingles**es**
  l'Anglais → les Anglais

  Si la dernière syllabe n'est pas accentuée, le mot ne change pas :

  el lun**es** → los lun**es**
  le lundi → les lundis

b) *Modification orthographique*

Les noms se terminant par **-z** changent leur **-z** en **-ces** au pluriel :

la actri**z** → las actri**ces**
l'actrice → les actrices

la vo**z** → las vo**ces**
la voix → les voix

LES NOMS

c) *Modification de l'accent écrit*

La plupart des noms singuliers ayant un accent écrit sur la dernière syllabe perdent cet accent au pluriel, celui-ci n'étant plus nécessaire (voir pages 222-3) :

la naci**ó**n → las naci**o**nes
la nation → les nations

Inversement, les quelques noms se terminant par -**n** et qui sont accentués sur l'avant-dernière syllabe au singulier doivent prendre un accent écrit au pluriel pour signaler que l'accent tonique reste au même endroit :

el j**o**ven → los j**ó**venes
le jeune homme → les jeunes hommes

el cr**i**men → los cr**í**menes
le crime → les crimes

Il existe deux noms en espagnol qui changent leur accentuation lorsqu'ils passent du singulier au pluriel :

el car**á**cter → los caract**e**res (l'accent tonique est sur le -**e**-)
le caractère → les caractères

el r**é**gimen → los reg**í**menes
le régime → les régimes

d) *Pluriel des mots composés*

Le pluriel des noms composés de deux mots juxtaposés (voir page 36) se forme en mettant le premier nom au pluriel :

la fecha límite → las fecha**s** límite
la date limite → les dates limites

el retrato robot → los retrato**s** robot
le portrait-robot → les portraits-robots

Pour les noms composés de deux mots fusionnés (voir page 36), on applique les règles normales de la formation du pluriel :

la telaraña → las telaraña**s**
la toile d'araignée → les toiles d'araignée

la coliflor → las coliflor**es**
le chou-fleur → les choux-fleurs

e) *Sigles*

Lorsque la forme en toutes lettres est un pluriel, les initiales sont redoublées :

EE.UU.	Estados Unidos	États-Unis
CC.OO.	Comisiones Obreras	syndicat espagnol
FF.AA.	Fuerzas Armadas	forces armées
JJ.OO.	Juegos Olímpicos	jeux Olympiques

f) *Pluriel des mots anglais*

La plupart des mots anglais employés en espagnol gardent la forme anglaise du pluriel :

el camping → los campings
el póster → los pósters
el cómic *(bande dessinée)* → los cómics

Cependant, certains mots anglais utilisés depuis longtemps en espagnol ont adopté un pluriel espagnol :

el eslogan → los eslóganes
el bar → los bares
el supermán → los supermanes

Mais pour certains mots, les deux formes s'emploient couramment :

el club → los clubes/clubs

2 Emploi spécial du masculin pluriel

Le masculin pluriel est fréquemment utilisé pour parler d'un couple ou d'un ensemble de personnes des deux sexes :

mis padres
mes parents

mis hijos
mes enfants

mis tíos
mon oncle et ma tante

los Reyes
le roi et la reine

LES NOMS

C DEUX EMPLOIS PARTICULIERS

1 Les noms composés

Parmi les noms communs, on trouve des composés, dont les éléments peuvent être soit juxtaposés (la fecha límite = *la date limite* ; el retrato robot = *le portrait-robot*), soit fusionnés (el baloncesto = *le basket-ball* ; la coliflor = *le chou-fleur*).

Pour le pluriel des mots composés, voir B 1d).

2 L'infinitif

Il est possible d'utiliser l'infinitif d'un verbe comme nom, parfois précédé de l'article el :

(el) fumar es peligroso para la salud
fumer est dangereux pour la santé

votar es un derecho y un deber
voter est un droit et un devoir

3 LES ADJECTIFS

A LA FORMATION DU PLURIEL ET DU FÉMININ

1 Le pluriel des adjectifs

Les adjectifs obéissent aux mêmes règles que les noms quant à la formation du pluriel. Voir pages 33-4 :

estos libros son viejos y sucios
ces livres sont vieux et sales

unas personas simpáticas
des personnes sympathiques

Les mêmes modifications de l'orthographe et de l'accentuation se produisent :

feliz → felices
heureux

holgazán → holgazanes
paresseux

2 Le féminin des adjectifs

a) Les adjectifs se terminant par -o changent leur -o en -a :

un vuelo corto
un vol court

una estancia corta
un séjour court

b) Les adjectifs se terminant par d'autres voyelles ou par des consonnes (autres que ceux dont il est question aux paragraphes c) et d)) ont la même forme au masculin et au féminin :

un coche verde
une voiture verte

una hoja verde
une feuille verte

un problema fundamental
un problème fondamental

una dificultad fundamental
une difficulté fondamentale

c) À ceux qui se terminent par -án, -ín, -ón et -or, on ajoute un -a :

un niño hablador
un garçon bavard

una mujer habladora
une femme bavarde

Les adjectifs comparatifs se terminant par -or constituent l'exception à cette règle (voir page 55) :

una idea mejor
une meilleure idée

LES ADJECTIFS

Remarquez aussi que ceux qui se terminent en **-án** et **-ón** perdent leur accent au féminin :

una muchacha muy holgaz**ana**
une fille très paresseuse

d) On ajoute un **-a** aux adjectifs indiquant la nationalité ou la provenance, s'ils se terminent par une consonne. Tout accent écrit disparaît aussi :

un hotel francés	una pensión franc**esa**
un hôtel français	*une pension de famille française*
un vino andaluz	una sopa andaluz**a**
un vin andalou	*une soupe andalouse*

e) Les adjectifs se terminant en **-ícola** et **-ista** ont la même forme au masculin et au féminin :

un país agrícola	una región vinícola
un pays agricole	*une région vinicole*
el partido comunista	la ideología socialista
le parti communiste	*l'idéologie socialiste*

B L'APOCOPE DE L'ADJECTIF

a) Certains adjectifs perdent leur **-o** immédiatement avant un nom masculin singulier :

alguno	¿hay **algún** autobús por aquí? *est-ce qu'il y a un autobus par ici ?*
ninguno	no veo **ningún** tren *je ne vois aucun train*
bueno	un **buen** vino *un bon vin*
malo	el **mal** tiempo *le mauvais temps*
primero	el **primer** día del año *le premier jour de l'année*
tercero	el **tercer** edificio *le troisième bâtiment*

LES ADJECTIFS

Notez que ningún et algún doivent prendre un accent écrit lorsque l'on fait ainsi l'apocope.

b) Grande devient gran avant les noms au masculin singulier et au féminin singulier :

un gran señor
un grand monsieur

una gran señora
une grande dame

Lorsque grande fait référence à la taille, il est habituellement placé après le nom, auquel cas on ne fait pas l'apocope :

un coche grande
une grande voiture

una cocina grande
une grande cuisine

c) Cualquiera devient cualquier devant les noms singuliers qu'ils soient masculins ou féminins :

cualquier libro
n'importe quel livre

cualquier casa
n'importe quelle maison

d) Santo devient san avant les noms de saints, sauf ceux qui commencent par Do- ou To- :

San Pablo
Santo Domingo

San Pedro
Santo Tomás

En revanche, santo garde toujours la même orthographe devant un nom commun :

mi santo patrón
mon saint patron

mi santo padre
mon saint père

C L'ACCORD

Comme en français, tous les adjectifs espagnols doivent s'accorder à la fois en genre et en nombre avec le nom qu'ils décrivent :

las paredes eran blancas, y el suelo era blanco también
les murs étaient blancs et le sol était blanc également

Si un seul adjectif se rapporte à plusieurs noms, certain masculins, d'autres féminins, il prend la marque du masculin (comme en français) :

las paredes y el suelo eran blancos
les murs et le sol étaient blancs

Si un nom pluriel est suivi d'une série d'adjectifs, chacun d'entre eux

LES ADJECTIFS

se rapportant à une seule caractéristique du nom, chaque adjectif peut prendre la forme du singulier, là encore comme en français :

> los partidos socialista y comunista votaron en contra de la ley
> *les partis socialiste et communiste ont voté contre la loi*

D LA PLACE DE L'ADJECTIF

Bien que la plupart des adjectifs soient généralement placés après le nom, ils peuvent être placés avant le nom dans une forme emphatique. C'est là une possibilité largement utilisée en espagnol écrit contemporain mais moins courante dans la langue parlée :

> este equipo da una fiel reproducción del sonido original
> *ce matériel fournit une reproduction fidèle du son original*

Il s'agit là d'un effet stylistique à utiliser avec circonspection, à moins d'avoir déjà rencontré l'exemple spécifique que vous souhaitez utiliser.

Lorsque plusieurs adjectifs servent à décrire le même nom, les adjectifs considérés comme les plus importants doivent être placés le plus près du nom, comme en français :

> un diputado socialista español conocido
> *un député socialiste espagnol célèbre*

> la política agraria común europea
> *la politique agricole commune européenne*

E POUR MODIFIER LA FORCE D'UN ADJECTIF

1 Les diminutifs et les augmentatifs

Voir page 43.

2 Les adverbes

Un grand nombre d'adverbes peuvent être utilisés pour modifier la force d'un adjectif. En ce qui concerne la formation des adverbes, voir page 47. Une liste des adverbes d'intensité est donnée page 52.

Tout adjectif ainsi modifié par un adverbe doit suivre le nom, même si la forme simple précède normalement le nom :

es una comedia tremendamente divertida
c'est une comédie extrêmement drôle

Remarque :

De même qu'en français, les adverbes sont invariables ; leur forme ne change jamais quels que soient le genre et le nombre des adjectifs qu'ils modifient :

la casa era demasiado pequeña
la maison était trop petite

a) *Pour augmenter la force d'un adjectif*

este libro es sumamente interesante
ce livre est extrêmement intéressant

encuentro todo esto muy aburrido
je trouve tout cela très ennuyeux

Muy ne peut pas être utilisé seul. S'il n'est suivi par aucun adjectif, il est remplacé par mucho. Dans ce cas, mucho est utilisé en tant qu'adverbe et sa forme ne change jamais :

¿encontraste interesante la revista? – sí, mucho
tu as trouvé le magazine intéressant ? – oui, très

b) *Pour diminuer la force d'un adjectif*

L'adverbe poco est utilisé pour diminuer la force de l'adjectif ou même lui donner une signification opposée :

me parece poco probable que venga
il me semble peu probable qu'elle vienne

Remarque :

Poco ne doit pas être confondu avec un poco, qui veut dire "un peu". La sopa está poco caliente (*la soupe n'est pas très chaude*) ne veut évidemment pas dire la même chose que la sopa está un poco caliente (*la soupe est un peu chaude*).

LES ADJECTIFS

 ## F LES LOCUTIONS ADJECTIVALES

L'espagnol, tout comme le français, peut utiliser un grand nombre de locutions adjectivales pour décrire un nom. Elles consistent principalement en des noms introduits par la préposition de, bien que l'on emploie parfois d'autres prépositions :

> un hombre de dos metros de altura
> *un homme de deux mètres*

> una mujer de pelo rubio y ojos azules
> *une femme aux cheveux blonds et aux yeux bleus*

> refugiados sin casa ni dinero
> *des réfugiés sans logis et sans argent*

4 LES AUGMENTATIFS ET LES DIMINUTIFS

A FORMES

1 Les augmentatifs

a) Les suffixes suivants sont ajoutés, en tant qu'augmentatifs, aux noms et aux adjectifs :

masculin	-ón	-azo	-acho	-ote
féminin	-ona	-aza	-acha	-ota

tiene unas manazas enormes
il a des paluches énormes

es un libro aburridote
c'est un livre vraiment ennuyeux

b) Toute voyelle se trouvant à la fin du nom d'origine tombe :

un muchacho → un muchachazo
                    un grand gars

un hombre → un hombrote
                 un grand gaillard

2 Les diminutifs

a) Les suffixes suivants sont ajoutés, en tant que diminutifs, aux noms, aux adjectifs, aux participes et aux adverbes :

formes courtes	-ito	-illo	-uelo	-ín	-ucho
formes longues	-(e)cito	-(e)cillo	-(e)zuelo		

Toutes ces terminaisons peuvent être mises au féminin en changeant le -o en -a (-ín devient -ina).

mi abuelito
mon papi

estoy cansadilla
je suis assez fatiguée

la iglesia queda cerquita
l'église est tout près

LES AUGMENTATIFS ET LES DIMINUTIFS

b) Lorsque le mot se termine par une voyelle, celle-ci tombe :

Ana → Anita señora → señorita

c) Les formes longues **-cito, -cillo** et **-zuelo** sont utilisées avec des mots de plus d'une syllabe se terminant en **-n, -r** ou **-e** :

salón → saloncito calor → calorcito

d) Les formes **-ecito, -ecillo** et **-ezuelo** sont utilisées avec les mots d'une syllabe :

flor → florecita, florecilla pez → pececito, pececillo

Notez que des modifications orthographiques (**z** devenant **c**) peuvent s'avérer nécessaires.

Ces formes sont aussi utilisées avec les mots polysyllabiques lorsqu'ils contiennent une diphtongue (**-ie** ou **-ue**) accentuée. La voyelle finale tombe :

pueblo → pueblecito nieto → nietecito

e) Lorsque l'on ajoute un suffixe, l'accent écrit de la terminaison du mot d'origine tombe :

salón → saloncito

Un accent écrit est ajouté à la voyelle faible (voir page 222) du suffixe lorsque le mot d'origine se termine par une voyelle accentuée :

mamá → mamaíta

B EMPLOI

L'ajout d'un augmentatif ou d'un diminutif à la fin du nom, de l'adjectif, du participe ou de l'adverbe est une caractéristique de l'espagnol. Les augmentatifs et les diminutifs peuvent revêtir une signification simplement physique ou introduire des éléments plus subjectifs dans la manière dont on présente une chose ou une personne.

Le maniement des augmentatifs et des diminutifs en espagnol exige une certaine circonspection et l'étudiant doit être vigilant lorsqu'il utilise au hasard des suffixes de sa propre invention. N'utilisez que ceux dont la connotation vous est familière.

LES AUGMENTATIFS ET LES DIMINUTIFS

1 Les augmentatifs

Les augmentatifs indiquent principalement la taille, bien que parfois l'idée de ridicule ou même de laideur puisse être sous-entendue :

llegó un hombrón y se puso a trabajar
un grand gars est arrivé et s'est mis au travail

un hombrote/hombrazo/hombracho
une grosse brute

une mujerona
une femme hommasse

2 Les diminutifs

Les diminutifs sont très utilisés en espagnol parlé, mais sont nettement moins courants dans la langue écrite soutenue, dans laquelle leur emploi serait souvent déplacé. Ils peuvent exprimer la taille, mais le plus souvent ils suggèrent une attitude favorable ou défavorable du locuteur à l'égard de ce qu'il décrit. Il n'existe bien souvent pas de traduction directe pour un diminutif employé de cette façon ; on peut, par exemple, ajouter dans la traduction un adjectif qui rende la nuance exprimée.

a) *Taille*

un momentito, por favor
un petit instant, s'il vous plaît

había una mesita en el rincón
il y avait une petite table dans le coin

b) *Attitude favorable*

Ceci est principalement exprimé par le suffixe -ito, qui est le diminutif le plus courant :

me miraba con la carita cubierta de lágrimas
il me regardait, son pauvre petit visage couvert de larmes

"hola", me dijo con su vocecita encantadora
"bonjour", m'a-t-elle dit de sa petite voix charmante

c) *Attitude défavorable*

Ceci est exprimé par le diminutif -uelo qui est relativement rare :

el muchachuelo le dio una patada a la lata
le gamin a donné un coup de pied dans la boîte de conserve

LES AUGMENTATIFS ET LES DIMINUTIFS

pasamos por dos o tres aldehuelas sin interés
nous avons traversé deux ou trois petits bleds sans intérêt

3 Les suffixes sans valeur augmentative ou diminutive

Certains mots à suffixe augmentatif ou diminutif sont devenus des mots à part entière et ont perdu les connotations évoquées ci-dessus :

el sillón
le fauteuil

el gatillo
la gâchette

la tesina
le mémoire (à l'université)

C'est notamment le cas des mots se terminant en -azo ou -ón et traduisant l'idée de choc, de "coup de..." :

un codazo
un coup de coude

un frenazo
un coup de frein

un empujón
une poussée

5 LES ADVERBES

On emploie les adverbes avec des verbes, des adjectifs et d'autres adverbes. Employés avec un verbe, ils décrivent :

> comment une action a lieu — adverbes de manière
> quand une action a lieu — adverbes de temps
> où une action a lieu — adverbes de lieu
> le degré de l'action — adverbes d'intensité

1 Les adverbes de manière

a) On peut construire la plupart de ces adverbes en ajoutant -mente à la forme du féminin singulier de l'adjectif :

lenta → lentamente
lente → lentement

extensa → extensamente
large → largement

Les accents qui apparaissent dans l'adjectif sont conservés dans l'adverbe :

lógica → lógicamente
logique → logiquement

rápida → rápidamente
rapide → rapidement

b) Lorsque deux adverbes ou plus sont employés pour décrire le même verbe, seul le dernier prend la terminaison -mente ; ceux qui précèdent gardent la forme du féminin de l'adjectif :

habló clara y rápidamente
il a parlé clairement et rapidement

c) Les adverbes de manière suivants n'ont pas de forme en -mente :

bien	*bien*
mal	*mal*
adrede	*exprès*
así	*ainsi*
¿cómo?	*comment ?*
de prisa	*vite*
despacio	*lentement*
pronto	*vite*

LES ADVERBES

caminaban despacio por el calor que hacía
ils marchaient lentement à cause de la chaleur

tú has trabajado bien, Juanito
tu as bien travaillé, Juanito

De même, certains adjectifs masculins s'emploient de façon adverbiale et n'ont donc pas de forme en -mente :

alto	*fort*
bajo	*bas*
fuerte	*fort*
rápido	*vite*
recto	*droit*

siga todo recto
continuez tout droit

habla siempre muy alto
elle parle toujours très fort

2 Les adverbes de temps

La plupart de ces adverbes ne sont pas construits à partir d'adjectifs. Les plus courants sont les suivants :

ahora	*maintenant*
anoche	*hier soir, la nuit dernière*
anteanoche	*avant-hier soir*
anteayer/antes de ayer	*avant-hier*
antes	*avant*
aún	*encore*
ayer	*hier*
cuando	*quand*
¿cuándo?	*quand ?*
después	*après, ensuite*
enseguida	*immédiatement, tout de suite*
entonces	*alors*
entretanto	*entre-temps*
hoy	*aujourd'hui*
jamás	*jamais*
luego	*tout de suite, ensuite*
mañana	*demain*
nunca	*jamais*
primero	*premièrement, d'abord*
pronto	*tôt, bientôt*
prontísimo	*très tôt, très bientôt*
recientemente	*récemment*
siempre	*toujours (constamment)*

LES ADVERBES

tarde	*tard*
tardísimo	*très tard*
temprano	*tôt, de bonne heure*
tempranísimo	*très tôt, de très bonne heure*
todavía	*encore, toujours*
ya	*déjà/maintenant/plus tard/autrefois*

Quelques locutions adverbiales de temps couramment employées :

a continuación	*ensuite, à la suite*
acto seguido	*tout de suite après, tout de suite*
algunas veces	*parfois, quelquefois*
a menudo	*souvent*
a veces	*parfois, quelquefois*
dentro de poco	*d'ici peu, avant peu, sous peu*
de vez en cuando	*de temps en temps*
en adelante	*désormais*
en breve	*bientôt, sous peu*
mientras tanto	*pendant ce temps*
muchas veces	*souvent*
nunca más	*jamais plus, plus jamais*
otra vez	*encore une fois, de nouveau*
pasado mañana	*après-demain*
pocas veces	*rarement*
rara vez	*rarement*
repetidas veces	*à plusieurs reprises*
una y otra vez	*maintes et maintes fois*

quiero empezar ahora, no espero hasta mañana
je veux commencer maintenant, je ne vais pas attendre jusqu'à demain

siempre va en tren hasta el centro, luego coge el autobús
elle se rend toujours dans le centre en train, et ensuite elle prend l'autobus

quedamos en vernos pasado mañana, no mañana
nous nous sommes mis d'accord pour nous voir après-demain et non pas demain

Quelques remarques sur certains adverbes de temps :

a) Outre le sens de "déjà", ya a aussi le sens de "tout de suite" dans le langage courant :

¡ya voy!
j'arrive !

LES ADVERBES

Dans certains cas, il n'existe pas de traduction évidente de ya en français car cet adverbe a souvent une valeur emphatique :

ya me lo decía yo
c'est bien ce que je pensais

À la forme négative ya no signifie "ne... plus" :

siempre iba a ver a su tía los sábados, pero ya no va
elle rendait toujours visite à sa tante le samedi, mais elle ne le fait plus

Attention à ne pas confondre ya no avec todavía no, qui signifie "pas encore" :

todavía no han llegado
ils ne sont pas encore arrivés

b) Luego peut aussi signifier "donc" :

pienso luego existo
je pense donc je suis

c) Recientemente devient recién devant les participes passés. Recién est invariable quels que soient le genre et le nombre du participe passé :

un niño recién nacido	los recién casados
un nouveau-né	*les jeunes mariés*

3 Les adverbes de lieu

Voici les plus courants :

abajo	dessous/en bas
adelante	en avant
adonde	là où, où
¿adónde?	où ?
ahí	là
allí	là-bas
allá	là-bas
alrededor	autour
aquí	ici
arriba	dessus/là-haut/en haut
atrás	en arrière
cerca	près
debajo	dessous
delante	devant
dentro	dedans/à l'intérieur

LES ADVERBES

detrás	derrière
donde	là où, où
¿dónde?	où ?
encima	dessus/au-dessus/en plus
enfrente	en face
fuera	dehors, au dehors
lejos	loin

Quelques locutions adverbiales :

en alguna parte	quelque part
en otra parte	autre part
en/por todas partes	partout

¿dónde está Juan? – está dentro la aldea donde nací
où est Juan ? – il est à l'intérieur *le village où je suis né*

¿hay alguna tienda por aquí cerca?
y a-t-il un magasin par ici ?

se me cayeron encima
elles me sont tombées dessus

Quelques remarques sur certains adverbes de lieu :

a) Il existe entre les adverbes aquí, ahí et allí/allá la même relation qu'entre les adjectifs démonstratifs este, ese et aquel (voir pages 81-2) :

– aquí signifie "ici" *(près de moi)*

– ahí signifie "là" *(près de toi)*

– allí et allá signifient "là-bas" *(loin de nous deux)*

Allá indique le lieu de façon moins précise que allí.

Autre différence entre ces deux adverbes : allá peut être qualifié par un autre adverbe, notamment más ; más allá signifie "plus loin".

b) Les formes arriba, abajo, adelante et atrás peuvent s'employer immédiatement après un nom dans les locutions adverbiales telles que :

aquello sucedió años atrás andábamos calle abajo
cela s'est produit il y a des années *nous descendions la rue*

On trouve aussi adentro et a través dans des expressions toutes faites :

LES ADVERBES

mar adentro
au large

campo a través
à travers champs

c) Donde/¿dónde? et adonde/¿adónde?

Donde et ¿dónde? s'emploient lorsqu'il n'y a pas d'idée de mouvement, contrairement à adonde et ¿adónde? :

éste es el pueblo donde vivo
c'est le village où j'habite

¿dónde están mis gafas?
où sont mes lunettes ?

es un país adonde me gustaría ir de vacaciones
c'est un pays où j'aimerais aller en vacances

¿adónde vais este verano?
où allez-vous cet été ?

Notez que les formes interrogatives portent un accent pour les distinguer des formes non interrogatives.

4 Les adverbes d'intensité

Voici les plus courants :

algo	*un peu/assez*
apenas	*à peine*
bastante	*assez/suffisamment*
casi	*presque*
como	*approximativement*
cuánto	*à quel point/combien*
demasiado	*trop*
más	*plus, davantage*
menos	*moins/de moins*
mitad/medio	*moitié/à moitié/mi-*
mucho	*beaucoup*
muy	*très*
nada	*pas du tout*
poco	*peu*
qué	*combien, comme*
suficientemente	*suffisamment*
tan	*si/tellement/aussi*
tanto	*tant/autant/tellement*
todo	*tout/entièrement*
un poco	*un peu*

la casa es muy vieja pero es bastante grande
la maison est très vieille, mais assez grande

me gusta mucho la tortilla, pero no me gustan nada los calamares
j'aime beaucoup la tortilla, mais je n'aime pas du tout les calmars

todavía es demasiado pequeño para ir solo
il est encore trop petit pour y aller seul

hoy se siente un poco mejor
elle se sent un peu mieux aujourd'hui

Quelques remarques sur certains adverbes d'intensité :

a) Cet emploi de qué est réservé aux tournures exclamatives :

¡qué inteligente eres!
comme tu es intelligent !

b) Muy s'emploie avec les adjectifs et les locutions adjectivales ainsi qu'avec les adverbes :

estoy muy cansado
je suis très fatigué

ya era muy tarde cuando volvió
il était déjà très tard quand il est rentré

Dans quelques cas exceptionnels, il peut s'employer avec un nom :

es muy amigo mío
c'est un de mes très bons amis

c) Lorsqu'il est employé en tant qu'adverbe, mucho accompagne les verbes, les adverbes comparatifs et les adjectifs comparatifs :

me gustó mucho   está mucho mejor
ça m'a beaucoup plu   *elle va beaucoup mieux*

d) Medio, employé en tant qu'adverbe, reste toujours invariable :

María estaba medio dormida
María était à moitié endormie

e) Remarquez la présence de lo et como para dans la phrase suivante, construite avec suficientemente :

no es lo suficientemente inteligente como para entender esto
il n'est pas suffisamment intelligent pour comprendre cela

5 La place des adverbes dans la phrase

Elle est comparable au français, à deux exceptions près :

a) Les adverbes de lieu et de temps peuvent se placer soit avant, soit après le verbe :

LES ADVERBES

allí está, enfrente del cine/está allí, enfrente del cine
il est là, devant le cinéma

mañana me voy de vacaciones/me voy de vacaciones mañana
je pars en vacances demain

b) L'adverbe n'est **jamais** placé entre l'auxiliaire et le participe passé, contrairement au français :

te has portado muy bien
tu t'es très bien conduit

6 LA COMPARAISON

A LA COMPARAISON DE SUPÉRIORITÉ ET D'INFÉRIORITÉ

1 Formes

a) *Formes régulières*

Pour construire une forme comparative en espagnol, placez simplement le mot **más** (*plus*) ou **menos** (*moins*) devant l'adjectif ou l'adverbe :

más bajo
plus bas

menos alto
moins haut

más despacio
plus lentement

menos rápido
moins vite

b) *Formes irrégulières*

Il y a six comparatifs irréguliers :

bueno *bon*	→	mejor *meilleur*
grande *grand*	→	mayor *plus grand**
malo *mauvais*	→	peor *pire*
mucho *beaucoup*	→	más *plus*
pequeño *petit*	→	menor *plus petit**
poco *peu*	→	menos *moins*

Remarque :

Les comparatifs en **-or** ne prennent pas la marque du féminin :

mi hermano mayor
mon frère aîné

mi hermana mayor
ma sœur aînée

LA COMPARAISON

*Más grande** et **más pequeño** existent mais se rapportent plutôt à la taille. **Mayor** et **menor** font davantage référence à l'importance relative de l'objet ou de la personne, ou à l'âge. Lorsqu'il concerne l'âge, **mayor** est souvent considéré en espagnol parlé comme un simple adjectif signifiant "vieux", "adulte", et il est quelquefois lui-même mis à la forme comparative :

es más mayor que mi abuelo
il est plus âgé que mon grand-père

Quoique relativement courant, cet usage est agrammatical et ne doit en aucun cas être imité dans la langue écrite d'un niveau soutenu.

2 Emploi

a) *La comparaison de supériorité*

Lorsque la comparaison repose sur un adjectif, la construction **más** + adjectif + **que** est utilisée (voir ci-dessus pour les comparatifs irréguliers) :

María es **más simpática que** su hermano
María est plus sympathique que son frère

Pour une comparaison portant sur la quantité, on emploie la construction **más** + nom + **que** :

ellos tienen **más** dinero **que** nosotros
ils ont plus d'argent que nous

Pour une comparaison avec un nombre ou un montant spécifique, on emploie **de** à la place de **que** :

vinieron **más de** cien personas
plus de cent personnes sont venues

esperamos **más de** media hora
nous avons attendu plus d'une demi-heure

b) *La comparaison d'infériorité*

La comparaison d'infériorité est exprimée par **menos**. Elle se construit sur le même modèle que la comparaison de supériorité :

esta revista es **menos interesante que** aquélla
ce magazine-ci est moins intéressant que celui-là

LA COMPARAISON

tengo menos paciencia que tú
j'ai moins de patience que toi

pagué menos de diez euros
j'ai payé moins de dix euros

c) *Les comparaisons avec* nunca, nadie, nada *et* cualquiera

Remarquez l'emploi des adverbes négatifs nunca, nadie, nada dans les tournures comparatives indéfinies en espagnol :

la situación es más grave que nunca
la situation est plus grave que jamais

él sabe más que nadie
il en sait plus que personne

estar contigo me gusta más que nada
ce que j'aime le plus au monde, c'est d'être avec toi

Si la comparaison se fait par rapport à une chose ou une personne en particulier, on utilise l'adjectif indéfini cualquiera (voir page 95) :

Isabel es más inteligente que cualquier otro estudiante
Isabel est plus intelligente que n'importe quel autre étudiant

d) *Lorsque le deuxième élément de la comparaison est une proposition*

Lorsque la comparaison repose sur un adjectif, la proposition est introduite par de lo que :

la situación es más compleja de lo que piensas
la situation est plus complexe que tu ne le penses

el problema era más difícil de lo que habían dicho
le problème était plus difficile qu'ils ne l'avaient dit

Lorsque la comparaison repose sur un nom, on utilise, selon le cas, del que, de la que, de los que, de las que. La forme choisie s'accorde en genre et en nombre avec le nom :

este plato contiene menos calorías de las que pensaba
ce plat contient moins de calories que je ne pensais

Las dans la locution de las que s'accorde avec calorías.

surgieron más problemas de los que habíamos previsto
il y a eu plus de problèmes que prévu

Los dans la locution de los que s'accorde avec problemas.

gasté más dinero del que ahorré
j'ai dépensé plus d'argent que je n'en ai économisé

El dans la locution del que s'accorde avec dinero.

B LA COMPARAISON D'ÉGALITÉ

Si la comparaison est fondée sur un adjectif, elle est exprimée par tan + adjectif + como :

Juan es tan alto como su hermana
Juan est aussi grand que sa sœur

Luisa no es tan trabajadora como su hermana
Luisa n'est pas aussi travailleuse que sa sœur

Remarque :

> Attention à ne pas confondre tan + adjectif + como (comparaison = *aussi... que*) et tan + adjectif + que (conséquence = *si... que*). Comparez par exemple :
>
> estoy tan enfermo como ella
> *je suis aussi malade qu'elle*
>
> estoy tan enfermo que no puedo levantarme
> *je suis si malade que je ne peux pas me lever*

Si la comparaison est fondée sur un nom (comparaison de quantité = *autant de... que*), elle est exprimée par tanto + nom + como. Ici tanto est un adjectif et s'accorde donc avec le nom :

yo tengo tantos discos como tú
j'ai autant de disques que toi

Remarque :

> Là encore, ne confondez pas tanto + nom + como (comparaison = *autant de... que*) et tanto + nom + que (conséquence = *tant de... que*). Comparez par exemple :
>
> Carmen tiene tantos amigos como yo
> *Carmen a autant d'amis que moi*
>
> Carmen tiene tantos amigos que no puede invitarlos a todos
> *Carmen a tant d'amis qu'elle ne peut pas tous les inviter*

LA COMPARAISON

C AUTRES LOCUTIONS COMPARATIVES

1 "De plus en plus" est exprimé en espagnol par la locution cada vez más :

encuentro su comportamiento cada vez más extraño
je trouve son comportement de plus en plus bizarre

Vez peut être remplacé par un autre mot indiquant la notion de temps sans que l'idée de "de plus en plus" soit perdue :

la situación se pone cada día más grave
la situation empire de jour en jour

"De moins en moins" se traduit par cada vez menos :

encuentro sus explicaciones cada vez menos verosímiles
je trouve ses explications de moins en moins vraisemblables

2 "Plus (moins)... plus (moins)" se traduit par cuanto + comparatif... tanto + comparatif. Cuanto est invariable lorsqu'il est utilisé avec un adjectif ou un adverbe mais s'accorde avec les noms.

Tanto est le plus souvent omis dans la deuxième partie de la comparaison.

cuanto más fáciles (son) los ejercicios, más le gustan
plus les exercices sont faciles, plus ils lui plaisent

cuantas más tonterías hace, más se ríen sus padres
plus il fait de bêtises, plus ses parents rient

cuantos menos problemas tengamos, más contenta estaré
moins nous aurons de problèmes, plus je serai contente

3 "D'autant plus" + adjectif + "que" se traduit en espagnol par tanto + adjectif à la forme comparative + cuanto que. Cette construction est réservée en espagnol à un niveau de langue très soutenu :

esto es tanto más importante cuanto que nos queda poco tiempo
ceci est d'autant plus important que nous n'avons pas beaucoup de temps

Dans la langue de tous les jours, on dirait plutôt :

esto es muy importante porque nos queda poco tiempo

LA COMPARAISON

D LA FORME SUPERLATIVE

1 Le superlatif relatif

a) *Formes*

De par sa forme, le superlatif relatif est identique au comparatif :

Juan es el estudiante **más** insolente de la clase
Juan est l'étudiant le plus insolent de la classe

este coche es el **más** caro
cette voiture est la plus chère

es la **peor** película que jamás he visto
c'est le plus mauvais film que j'aie jamais vu

Notez que, dans le dernier exemple, l'espagnol emploie l'indicatif là où le français emploie le subjonctif.

b) *Emploi*

Le superlatif relatif est utilisé pour exprimer la supériorité d'une chose sur toutes les autres choses de sa catégorie.

Luisa se puso su **mejor** traje
Luisa a mis son plus beau tailleur

Remarque :

> Contrairement au français, on ne répète pas l'article défini dans les tournures superlatives en espagnol, comme en témoigne l'exemple suivant :
>
> el español es la asignatura **ø** más interesante de las que estudio
> *l'espagnol est la matière la plus intéressante que j'étudie*

Comme en français, la préposition **de** est employée pour introduire la portée du superlatif :

es el hombre **más rico de** la ciudad
c'est l'homme le plus riche de la ville

Estados Unidos es el país **más poderoso del** mundo
les États-Unis sont le pays le plus puissant du monde

LA COMPARAISON

Remarquez les constructions suivantes :

España es el segundo país más grande de Europa
l'Espagne est le deuxième pays d'Europe quant à la taille

Brasil es el tercer país más poblado del mundo
le Brésil est le troisième pays du monde du point de vue de la population

2 Le superlatif absolu

Le superlatif absolu décrit une chose sans faire référence aux autres.

Il existe un superlatif absolu propre à l'espagnol, que l'on forme en ajoutant la terminaison -ísimo à l'adjectif.

eso es rarísimo
c'est très curieux

estos libros son carísimos
ces livres sont très chers

estás guapísima hoy, María
tu es ravissante aujourd'hui, María

Si l'adjectif se termine déjà par une voyelle, celle-ci tombe :

alto → altísimo
importante → importantísimo

mais :

fácil → facilísimo

Lorsque l'adjectif perd une voyelle, des modifications orthographiques peuvent s'avérer nécessaires afin que l'orthographe du mot reflète sa prononciation :

rico → riquísimo
feliz → felicísimo
largo → larguísimo

Le superlatif absolu peut aussi être exprimé par l'un des adverbes d'intensité, dont muy, qui est le plus courant :

estás muy guapa hoy, María
tu es très en beauté aujourd'hui, María

encuentro esto sumamente interesante
je trouve cela extrêmement intéressant

7 LES PRONOMS PERSONNELS

A FORMES

1 Les pronoms sujets

	SINGULIER	PLURIEL
1ère personne	yo (*je*)	nosotros, nosotras (*nous*)
2ème personne	tú (*tu*)	vosotros, vosotras (*vous*)
3ème personne	él (*il*)	ellos (*ils*)
	ella (*elle*)	ellas (*elles*)
	usted (*vous*)	ustedes (*vous*)
	ello (*cela*)	

Usted et ustedes sont couramment abrégés en Vd. et Vds. (ou quelquefois en Ud. et Uds.). Ils sont suivis du verbe à la troisième personne du singulier ou du pluriel, selon le cas. Voir page 69 pour les différences entre Vd. et tú. Voir page 68 pour l'emploi de ello.

2 Les pronoms compléments d'objet

a) *Les pronoms compléments d'objet direct*

	SINGULIER	PLURIEL
1ère personne	me (*me*)	nos (*nous*)
2ème personne	te (*te*)	os (*vous*)
3ème personne	le (*le, vous*)	les (*les, vous*)
	la (*la, vous*)	las (*les, vous*)
	lo (*le, vous*)	los (*les, vous*)

LES PRONOMS PERSONNELS

b) *Les pronoms compléments d'objet indirect*

	SINGULIER	PLURIEL
1ère personne	me (*me*)	nos (*nous*)
2ème personne	te (*te*)	os (*vous*)
3ème personne	le (*lui, vous*)	les (*leur, vous*)

c) *Les pronoms réfléchis*

	SINGULIER	PLURIEL
1ère personne	me (*me*)	nos (*nous*)
2ème personne	te (*te*)	os (*vous*)
3ème personne	se (*se*)	se (*se*)

d) *Les pronoms précédés d'une préposition*

	SINGULIER	PLURIEL
1ère personne	mí (*moi*)	nosotros, nosotras (*nous*)
2ème personne	ti (*toi*)	vosotros, vosotras (*vous*)
3ème personne	él, ella, ello (*lui*)	ellos, ellas (*eux, elles*)
	Vd. (*vous*)	Vds. (*vous*)
(réfléchi)	sí (*lui/elle/soi*)	sí (*eux/elles/soi*)

Mí, ti et sí s'allient à con pour donner les formes suivantes :

conmigo	*avec moi*
contigo	*avec toi*
consigo	*avec lui/elle/vous/eux/elles/soi*

LES PRONOMS PERSONNELS

3 La place des pronoms

Lorsqu'il n'y a pas de préposition, les pronoms compléments d'objet sont généralement placés avant le verbe. Aux temps composés, ils sont placés avant l'auxiliaire :

él lo hizo
il l'a fait

yo le he visto
je l'ai vu

nos hemos levantado
nous nous sommes levés

Vd. se despierta
vous vous réveillez

Dans les trois cas suivants, le pronom se place après le verbe et lui est accolé :

a) Lorsque le verbe est à l'infinitif :

quiero ver**la**
je veux la voir

salió después de hacer**lo**
il est sorti après l'avoir fait

Cependant, si l'infinitif suit immédiatement un autre verbe, le pronom peut précéder le premier verbe :

querían conocer**nos** *ou* **nos** querían conocer
ils voulaient nous rencontrer

b) Lorsque le verbe est au participe présent :

estoy pintándo**lo**
je suis en train de le peindre

estaba cantándo**la**
elle était en train de la chanter

Là encore, dans le cas d'un verbe à la forme progressive, le pronom peut précéder le premier verbe :

están llevándo**lo** *ou* **lo** están llevando
ils le portent

c) Lorsque l'on donne un ordre positif :

¡déja**lo**!
laisse cela !

¡da**te** prisa!
dépêche-toi !

¡quéde**se** aquí!
restez ici !

¡espére**me**!
attendez-moi !

Cependant, le pronom précède le verbe lorsqu'il s'agit d'un ordre négatif :

¡no **lo** hagas!
ne fais pas ça !

¡no **te** muevas!
ne bouge pas !

Les pronoms personnels

4 L'ordre des pronoms

Lorsque l'on emploie ensemble deux pronoms ou plus, ils se placent dans l'ordre suivant :

a) Le pronom réfléchi **se** vient toujours en tête :

se me ha ocurrido
cela m'est venu à l'esprit

se le olvidó
elle a oublié

b) Lorsque deux pronoms compléments d'objet sont employés avec le même verbe, le pronom complément d'objet indirect est placé devant le pronom complément d'objet direct :

me lo dio
il me l'a donné

nos la mostraron
ils nous l'ont montrée

c) Si on emploie un pronom complément d'objet direct de la troisième personne (**lo**, **la**, **le**, **los**, **las**, **les**) et un pronom complément d'objet indirect de la troisième personne (**le**, **les**) avec le même verbe, les pronoms compléments d'objet indirect **le** et **les** sont tous deux remplacés par **se**, placé devant le pronom complément d'objet direct :

se la vendieron (a ella)
ils la lui ont vendue

se los mandó (a Vd.)
elle vous les a envoyés

L'ajout de **a él**, **a ella**, **a Vd.** ou **a Vds.**, etc. peut préciser à qui ou à quoi le **se** fait référence.

5 Modifications de l'accentuation et de l'orthographe

a) *Les accents*

Lorsqu'on ajoute plus d'un pronom à un infinitif, un participe présent ou un impératif, il est généralement nécessaire de mettre un accent écrit au verbe d'origine pour marquer l'accent tonique si celui-ci est passé à l'avant-avant-dernière syllabe (voir page 222) :

¿quieres pas**a**rme el vino? → ¿quieres pas**á**rmelo?
veux-tu me passer le vin ? → veux-tu me le passer ?

está explic**á**ndome la lección → está explic**á**ndomela
elle est en train de m'expliquer la leçon → elle est en train de me l'expliquer

LES PRONOMS PERSONNELS

dame el libro → dámelo
donne-moi le livre → donne-le-moi

ponga el libro en la mesa → póngalo en la mesa
mettez le livre sur la table → mettez-le sur la table

b) *Les modifications orthographiques*

Lorsque -**se** est accolé à une forme du verbe qui se termine par -**s**, ce dernier tombe :

vendámoselo
vendons-le-lui

Voir 4c) ci-dessus.

Le **s** final de la première personne du pluriel tombe devant le pronom réfléchi **nos** :

sentémonos
asseyons-nous

Le **d** de la deuxième personne du pluriel de l'impératif tombe devant le pronom réfléchi **os** :

sentaos, por favor
asseyez-vous, je vous prie

Avec les verbes de la troisième conjugaison, le **i** prend alors un accent :

vestíos
habillez-vous

Le verbe **ir** constitue la seule exception, puisque le **d** de l'impératif ne tombe pas :

idos
allez-vous en

B EMPLOI

1 Les pronoms sujets

a) *Cas dans lesquels le pronom sujet n'est pas énoncé*

En français, le sujet du verbe est soit explicitement énoncé ("mon ami est retourné en Espagne hier") soit remplacé par un

Les pronoms personnels

pronom ("il est retourné en Espagne hier").

Cependant, la terminaison du verbe en espagnol indique en général clairement quel est le sujet ; par exemple hablo ne peut signifier que "je parle", hablan ne peut signifier que "ils parlent". Par conséquent, on peut en espagnol employer le verbe seul sans pronom personnel :

¿qué piensas de todo esto?   iremos a la playa mañana
que penses-tu de tout cela?   *nous irons à la plage demain*

Il est en fait plus fréquent d'omettre le pronom personnel que de l'employer. Cependant, on emploie normalement Vd. et Vds. pour éviter toute confusion avec él, ella et ellos, ellas, puisque les terminaisons des verbes sont les mêmes :

¿por qué estudia Vd. español?
pourquoi est-ce que vous étudiez l'espagnol ?

Remarque :

On n'emploie pas le pronom personnel dans les constructions suivantes :

los franceses preferimos el champán
nous les Français, nous préférons le champagne

los españoles bebéis mucho vino
vous les Espagnols, vous buvez beaucoup de vin

b) *L'emploi des pronoms personnels sujets*

On exprime les pronoms personnels soit pour marquer l'emphase, soit dans les cas prêtant manifestement à confusion :

¡lo hizo él!   ¿qué piensas tú de todo esto?
c'est lui qui l'a fait !   *que penses-tu de tout cela, toi ?*

él salió al cine, pero ella se quedó en casa
lui est allé au cinéma, mais elle est restée à la maison

Si les pronoms n'étaient pas exprimés dans ce dernier exemple, on ne saurait pas avec certitude qui fait quoi.

Souvenez-vous que nosotros et vosotros ont des formes du féminin qui doivent être employées si l'on ne parle que de femmes ou de filles :

María y Carmen, ¿qué pensáis vosotras de esto?
María et Carmen, qu'est-ce que vous en pensez ?

Remarquez également la différence entre l'espagnol et le français dans les constructions telles que :

¿quién es? – soy yo/somos nosotros
qui est-ce ? – c'est moi/c'est nous

soy yo quien quiere hacerlo
c'est moi qui veux le faire

Comme on peut le voir, le verbe "être" (ser) s'accorde avec le sujet exprimé (mais le verbe querer, dans le second exemple, se met à la troisième personne). Le pronom employé est le pronom sujet et non objet, comme c'est le cas en français.

c) Ello

Ello est un pronom neutre et ne s'emploie jamais pour faire référence à un objet spécifique. Il désigne une idée ou une situation. Son emploi en tant que sujet est rare et est généralement réservé à quelques constructions appartenant à un langage soutenu :

todo ello me parece muy extraño
tout cela me semble très étrange

Ello rappelle ici une situation à laquelle on vient juste de faire référence, de même que dans l'exemple suivant :

por ello decidió no continuar
c'est pourquoi il a décidé de ne pas continuer

d) *Pour mettre en valeur le pronom sujet*

On met en valeur les pronoms sujets en employant l'adjectif mismo à la forme qui convient :

lo hice yo mismo
je l'ai fait moi-même

Bien entendu, une personne du sexe féminin dirait lo hice yo misma.

LES PRONOMS PERSONNELS

Remarque :

> En espagnol on utilise avec mismo le pronom sujet et non le pronom objet comme en français :
>
> me lo dijo él mismo
> *il me l'a dit lui-même*

e) **Tú *et* usted**

La tradition veut que l'on réserve l'emploi de tú aux amis proches et aux membres de la famille, ainsi qu'aux enfants, usted étant employé dans toutes les situations plus officielles. Cependant, il est certain que l'emploi de tú est récemment devenu beaucoup plus fréquent, et les jeunes qui se rendent en Espagne peuvent certainement s'attendre à ce que les gens de leur âge leur disent tú, et leur répondront en utilisant également tú.

Même les moins jeunes se verront tutoyés pas des personnes qu'ils ne connaissent pas. Il convient toutefois de faire preuve de prudence. L'emploi de usted est conseillé lorsque l'on s'adresse pour la première fois à une personne plus âgée, ou à une personne à laquelle on doit le respect. De manière générale, imitez les Espagnols auxquels vous vous adressez. Si tout le monde se tutoie, ce serait faire preuve de maladresse et de froideur que de s'obstiner à employer usted.

2 La traduction de "on", "les gens", etc.

a) *L'emploi de* tú

Dans l'espagnol de tous les jours, lorsqu'on s'adresse à une personne que l'on tutoierait, on emploie les formes du verbe correspondant au pronom tú pour exprimer l'idée de "on". C'est là un usage beaucoup plus répandu en espagnol qu'en français.

si tienes mucho dinero, puedes comprar lo que quieras
si on a beaucoup d'argent, on peut acheter ce qu'on veut

Cependant, dans la langue écrite ou orale d'un niveau plus soutenu, l'emploi de cette construction serait déplacé. Il existe plusieurs autres constructions, à savoir :

LES PRONOMS PERSONNELS

b) *Le verbe à la forme réfléchie*

- Si le verbe est intransitif ou si le complément d'objet est une proposition, une personne déterminée ou un pronom personnel, on emploie **se** + 3ème personne du singulier :

    se entra por aquí
    on entre par ici

    se dice que los precios en España son muy bajos
    on dit que les prix sont très bas en Espagne

    se les considera como grandes autores
    on les considère comme de grands auteurs

    Dans les tournures avec **se**, le pronom complément masculin est toujours **le, les** et non **lo, los.**

- Si le complément d'objet est un nom de chose ou un nom de personne indéterminé, on emploie **se** + accord du verbe :

    aquí **se** alquilan coches
    ici on loue des voitures

    se buscan personas competentes
    on recherche des personnes compétentes

c) *L'emploi de la troisième personne du pluriel*

Cette tournure s'applique aux cas où le sujet est indéfini (= "quelqu'un") ou s'il s'agit d'une collectivité sous-entendue par le contexte :

le atacaron en la calle
on l'a attaqué dans la rue

en esas sociedades le **dan** mucha importancia a la familia
dans ces sociétés on attache beaucoup d'importance à la famille

L'emploi de la troisième personne du pluriel intervient également dans certaines locutions toutes faites telles que **dicen que...** (*on dit que...*), **cuentan que...** (*on raconte que...*), etc. :

cuentan que se van a divorciar
on raconte qu'ils vont divorcer

Notez que "on dit que", "on raconte que", etc., peuvent également se traduire par la forme réfléchie : **se dice que..., se cuenta que...**

d) *L'emploi de* uno

On emploie obligatoirement uno si le verbe lui-même est à la forme réfléchie :

a la larga uno se acostumbra a todo
à la longue, on s'habitue à tout

En dehors de cet usage, l'emploi de uno est limité à un petit nombre de cas, dont celui où "on" représente la première personne du singulier :

uno no puede menos de reírse
on ne peut pas s'empêcher de rire

Notez que si la personne qui parle est une femme, le pronom doit s'accorder :

¡una no puede estar tranquila aquí!
on ne peut pas être tranquille ici !

e) *L'emploi de* la gente

Il s'applique aux phrases où "on" représente une collectivité, par opposition à un sujet singulier. C'est notamment le cas des verbes pronominaux à sens réciproque :

la gente muchas veces se ayuda en tiempos de guerra
on s'entraide souvent en temps de guerre

f) *L'emploi de la première personne du pluriel*

Lorsque "on" est l'équivalent, en français populaire, de "nous", on doit utiliser en espagnol la première personne du pluriel :

¿vamos al cine?
on va au cinéma ?

3 Les pronoms compléments d'objet

a) *Les pronoms compléments d'objet direct et indirect*

En espagnol écrit et parlé, même si le complément d'objet indirect est explicitement exprimé, on le renforce presque toujours en ajoutant le pronom complément d'objet indirect de la troisième personne (le, les, se) :

le di el libro a mi amigo
j'ai donné le livre à mon ami

él se lo dio a su hermano
il l'a donné à son frère

LES PRONOMS PERSONNELS

b) *Le et lo en tant que pronoms compléments d'objet direct*

En principe, on emploie lo en tant que complément d'objet direct masculin, que le complément soit une personne ou une chose :

¿ves a mi hermano? – sí, sí, lo veo
est-ce que tu vois mon frère ? – oui, oui, je le vois

¿has visto este cuadro de Picasso? – sí, lo he visto
tu as vu ce tableau de Picasso ? – oui, je l'ai vu

Cependant, en espagnol parlé, et quelquefois aussi en espagnol écrit, le est souvent employé à la place de lo pour parler des personnes. Ce phénomène s'appelle leísmo :

¿ves a mi hermano? – sí, sí, le veo
est-ce que tu vois mon frère ? – oui, oui, je le vois

Au pluriel, en revanche, los prédomine même quand il s'agit de personnes :

llamó a sus amigos y los invitó a comer
il a appelé ses amis et les a invités à manger

Inversement, pour le vouvoiement, ce sont les formes le et les qui prédominent :

a ustedes les llamaré mañana
je vous appellerai demain

c) *Le pronom neutre lo*

Le pronom neutre lo ne fait jamais référence à une personne ou à une chose identifiable. Il s'emploie notamment pour reprendre un membre de la phrase cité précédemment :

¿sabes que ha llegado Juan? – sí, ya lo sé
sais-tu que Juan est arrivé ? – oui (je le sais)

Ce que vous savez, c'est que "Juan est arrivé". Lo est souvent traduit par "le" en français :

tú mismo me lo dijiste
tu me l'as dit toi-même

Lo peut aussi être employé après les verbes ser et estar. Dans ce cas, il se rapporte généralement au dernier adjectif, bien que dans le cas de ser il puisse se rapporter à un nom.

LES PRONOMS PERSONNELS

Souvenez-vous que lo est toujours invariable, quels que soient le genre et le nombre de l'adjectif ou du nom auquel il se rapporte :

ellos están cansados, y nosotros lo estamos también
ils sont fatigués, et nous aussi

Lo se rapporte ici à cansados.

su padre es médico, y el mío lo es también
son père est médecin et le mien (l'est) aussi

Lo se rapporte ici au nom médico.

d) *Les pronoms précédés d'une préposition*

¿este dinero es para mí? – no, es para ellos
est-ce que cet argent est pour moi ? – non, il est pour eux

Ces pronoms s'emploient aussi avec la préposition a pour mettre en valeur les pronoms compléments d'objet direct ou indirect exprimés dans la même phrase :

me dio el libro a mí, no a ti
c'est à moi qu'il a donné le livre, pas à toi

te veo a ti, pero no la veo a ella
je te vois, toi, mais je ne la vois pas, elle

Cette mise en relief peut être encore accentuée en plaçant le pronom devant le verbe :

a mí no me gusta nada
moi, je n'aime pas du tout ça

4 La traduction des pronoms français "en" et "y"

Il n'y a pas d'équivalent direct de ces pronoms en espagnol. La traduction varie selon le contexte, et parfois on ne les traduit simplement pas.

a) *Le pronom "en"*

Quand "en" est employé avec les nombres, on ne le traduit pas :

tengo diez
j'en ai dix

Dans la plupart des autres cas, on peut traduire "en" par une préposition (souvent de) + eso, ou une préposition (souvent de) + le

LES PRONOMS PERSONNELS

pronom à la forme qui convient (él, ella, ellos, ellas) pour faire référence à quelque chose de spécifique (voir page 83) :

ya me habló de eso
il m'en a déjà parlé

soñé con eso la noche pasada
j'en ai rêvé la nuit dernière

no le gustan los perros, tiene miedo de ellos
elle n'aime pas les chiens, elle en a peur

S'il fait référence à des quantités indéfinies, "en" peut se traduire par exemple par un poco quand il représente un nom singulier, par algunos/algunas quand il représente un nom pluriel et par ninguno/ninguna lorsque la phrase est négative :

¿tienes leche? ¿me das un poco?
tu as du lait ? tu veux bien m'en donner ?

he comprado naranjas, ¿quieres algunas?
j'ai acheté des oranges, tu en veux ?

no te puedo dar sellos, no tengo ninguno
je ne peux pas te donner de timbres, je n'en ai pas

Enfin, lorsque "en" représente un lieu, il se traduit en espagnol par de + un adverbe de lieu (le plus souvent allí ou allá, parfois aquí) :

¿París? sí, justamente vengo de allí
Paris ? oui, justement j'en viens

b) *Le pronom "y"*

Quand il fait référence au lieu, "y" se traduit normalement par allí ou allá (qui signifient "là") ou, moins fréquemment, par aquí (qui signifie "ici") :

¿vas a París? – voy allí la semana que viene
est-ce que tu vas à Paris ? – j'y vais la semaine prochaine

Quand il fait référence à une chose spécifique, "y" se traduit par la préposition qui convient + él/ella/ellos/ellas. Si la préposition en question est a, on emploie souvent le(s) au lieu de a + pronom. Voir pages 136-7 et 139-41 pour l'emploi des prépositions selon le verbe.

¿estás pensando en los exámenes? – sí, pienso mucho en ellos
tu penses aux examens ? – oui, j'y pense souvent

LES PRONOMS PERSONNELS

si el café es demasiado amargo, añádele un poco de azúcar
si le café est trop amer, ajoutes-y un peu de sucre

Dans de nombreux cas, il n'y a pas de traduction possible :

no pude resistir
je n'ai pas pu y résister

¿vas a la fiesta de Guadalupe? – sí, voy
tu vas à la soirée de Guadalupe ? – oui, j'y vais

8 LA POSSESSION

A LES ADJECTIFS ET LES PRONOMS POSSESSIFS : FORMES

1 Les adjectifs possessifs placés avant le nom (formes atones)

	MASCULIN SINGULIER	FÉMININ SINGULIER	MASCULIN PLURIEL	FÉMININ PLURIEL
1ère singulier	mi	mi	mis	mis
2ème singulier	tu	tu	tus	tus
3ème singulier	su	su	sus	sus
1ère pluriel	nuestro	nuestra	nuestros	nuestras
2ème pluriel	vuestro	vuestra	vuestros	vuestras
3ème pluriel	su	su	sus	sus

mi cuchillo
mon couteau

mi cuchara
ma cuiller

mis cuchillos
mes couteaux

mis cucharas
mes cuillers

tu pañuelo
ton mouchoir

tu chaqueta
ta veste

tus pañuelos
tes mouchoirs

tus chaquetas
tes vestes

su saco
son/votre sac

su maleta
sa/votre valise

sus sacos
ses/vos sacs

sus maletas
ses/vos valises

nuestro piso
notre appartement

nuestra casa
notre maison

nuestros pisos
nos appartements

nuestras casas
nos maisons

LA POSSESSION

vuestro sombrero
votre chapeau

vuestra camisa
votre chemise

vuestros sombreros
vos chapeaux

vuestras camisas
vos chemises

su saco
leur/votre sac

su maleta
leur/votre valise

sus sacos
leurs/vos sacs

sus maletas
leurs/vos valises

2 Les adjectifs possessifs placés après le nom (formes accentuées) et les pronoms possessifs

Les adjectifs possessifs placés après le nom et les pronoms possessifs sont identiques quant à leur forme, mais les pronoms prennent l'article défini (voir aussi B 3) :

	MASCULIN SINGULIER	FÉMININ SINGULIER	MASCULIN PLURIEL	FÉMININ PLURIEL
1ère singulier	(el) mío	(la) mía	(los) míos	(las) mías
2ème singulier	(el) tuyo	(la) tuya	(los) tuyos	(las) tuyas
3ème singulier	(el) suyo	(la) suya	(los) suyos	(las) suyas
1ère pluriel	(el) nuestro	(la) nuestra	(los) nuestros	(las) nuestras
2ème pluriel	(el) vuestro	(la) vuestra	(los) vuestros	(las) vuestras
3ème pluriel	(el) suyo	(la) suya	(los) suyos	(las) suyas

B LES ADJECTIFS ET LES PRONOMS POSSESSIFS : EMPLOI

1 Les adjectifs possessifs placés avant le nom (formes atones)

Les adjectifs possessifs placés avant le nom sont de loin les plus courants.

Comme tous les autres adjectifs, ils s'accordent en genre et en nombre avec le nom qu'ils décrivent :

¿dónde están nuestras maletas?
où sont nos valises ?

LA POSSESSION

Nuestras est au féminin pluriel parce que **maletas** est un nom féminin au pluriel.

2 Les adjectifs possessifs placés après le nom (formes accentuées)

En espagnol moderne, les formes accentuées de l'adjectif possessif sont, sauf dans de rares exceptions, réservées aux formes du discours direct ou servent à exprimer l'idée de "un de mes...", "un de tes...", etc. :

esto no es posible, amigo **mío**
ce n'est pas possible, mon ami

unos amigos **míos** vinieron a verme
des amis à moi sont venus me voir

3 Les pronoms possessifs

Les pronoms possessifs prennent l'article défini sauf s'ils sont employés avec le verbe **ser** :

¿quieres **el mío**?
tu veux le mien ?

su casa es mucho más grande que **la mía**
sa maison est beaucoup plus grande que la mienne

esta radio no es **tuya**, es **nuestra**
cette radio n'est pas à toi, elle est à nous

4 Les cas pouvant prêter à confusion

Dans certains cas, l'emploi de la forme **su** et du pronom **suyo** peut prêter à confusion. Ces formes peuvent signifier "son", "sa", "leur", "votre", "le sien", "le leur", "le vôtre", etc. Dans la plupart des cas, le contexte indique clairement le sens. Cependant, s'il existe un risque de confusion, on peut remplacer **su** et **suyo** par l'une des formes suivantes :

son, sa, à lui, le/la sien(ne)	de él
son, sa, à elle, le/la sien(ne)	de ella
votre, vos, le(s) vôtre(s) (singulier)	de Vd.
leur, le/la leur	de ellos, de ellas
votre, vos, le(s) vôtre(s) (pluriel)	de Vds.

María no ha perdido su propia maleta, ha perdido **la de ellos**
María n'a pas perdu sa propre valise, elle a perdu la leur

¿es de ella este coche?
est-ce que cette voiture est à elle ?

C L'EXPRESSION DE LA POSSESSION EN GÉNÉRAL

1 L'emploi de de

C'est la manière la plus courante d'exprimer la possession :

el amigo de mi padre
l'ami de mon père

De + el devient del :

el primo del amigo del profesor
le cousin de l'ami du professeur

2 La traduction de "à qui...?"

"À qui...?" se traduit en espagnol par ¿de quién...? quand il y a un seul possesseur et par ¿de quiénes...? quand il y a plus d'un possesseur :

¿de quién es este lápiz?
à qui est ce crayon ?

¿de quiénes es este coche?
à qui est cette voiture ? (le locuteur sait ou suppose qu'il y a plusieurs propriétaires)

3 La traduction de "dont"

"Dont" se traduit en espagnol par l'adjectif cuyo qui, comme tout adjectif, s'accorde avec le nom auquel il se rapporte (et non pas avec le possesseur) :

el hombre cuya ventana rompieron está furioso
l'homme dont ils ont cassé la fenêtre est furieux

Cuya s'accorde ici avec ventana et non avec hombre.

la mujer cuyos hijos se fueron
la femme dont les enfants sont partis

4 Le verbe pertenecer

La possession d'objets peut être exprimée par l'emploi du verbe pertenecer (*appartenir*). Cette tournure correspond cependant à un

LA POSSESSION

niveau de langue plutôt soutenu ; elle est beaucoup moins courante que l'emploi de de :

¿a quién pertenece esto? – pertenece al profesor
à qui est/appartient ceci ? – c'est au professeur

Le sens le plus courant de pertenecer est "appartenir" dans le sens de "être membre de" :

pertenece al partido socialista
il appartient au parti socialiste

5 Les parties du corps et les vêtements

En espagnol, lorsqu'ils sont compléments d'objet, les vêtements, comme les parties du corps, sont précédés de l'article défini, et non pas de l'adjectif possessif. Le possesseur est souvent indiqué par le pronom complément d'objet indirect :

se puso el sombrero
elle a mis son chapeau

se quitó el abrigo
il a enlevé son manteau

su madre le lavó la cara
sa mère lui a lavé le visage

se quemó la mano
elle s'est brûlé la main

9 LES DÉMONSTRATIFS

A LES ADJECTIFS DÉMONSTRATIFS

1 Formes

Les adjectifs démonstratifs en espagnol sont **este** (qui se traduit par "ce/cet...-ci"), **ese** et **aquel** (qui se traduisent tous deux par "ce/cet...-là").

	MASCULIN	FÉMININ
singulier	este	esta
pluriel	estos	estas
singulier	ese	esa
pluriel	esos	esas
singulier	aquel	aquella
pluriel	aquellos	aquellas

este mes
ce mois-ci

ese sillón
ce fauteuil-là

aquella bicicleta
cette bicyclette-là

2 Emploi

a) *Dans l'espace*

Este fait référence à une chose qui se trouve près du locuteur.

Ese fait référence à une chose qui se trouve près de la personne à laquelle le locuteur s'adresse.

Aquel fait référence à une chose qui est éloignée à la fois du locuteur et de la personne à laquelle il s'adresse.

tomo **esta** caja
je prends cette boîte (celle que j'ai à la main, celle que je montre du doigt, etc.)

¿me das **ese** libro?
tu me donnes ce livre ? (celui qui se trouve près de toi)

aquellas flores son muy hermosas
ces fleurs sont très belles (celles qui sont là-bas)

b) *Dans le temps*

On emploie **este** si le nom fait référence au présent :

esta semana fuimos a la playa
nous sommes allés à la plage cette semaine (qui n'est pas encore terminée)

On emploie **ese** et **aquel** pour faire référence au passé. Il y a peu de différence entre ces deux adjectifs, mais **aquel** peut désigner une époque plus reculée :

en **esa** época no se permitían los partidos políticos
à cette époque-là, les partis politiques étaient interdits

en **aquella** época la población de Madrid era de sólo un millón de personas
en ce temps-là, la population de Madrid n'était que d'un million d'habitants

c) *Nuance affective*

Ese peut s'employer de façon méprisante :

ese tío es un sinvergüenza
ce type est une crapule

Les trois formes de l'adjectif peuvent également indiquer le mépris si elles sont placées **après** le nom :

el vídeo **este** no vale nada
ce magnétoscope ne vaut rien

la película **esa** era malísima
ce film était nul

la muchacha **aquella** que armó un escándalo
la fille qui a fait un scandale

B LES PRONOMS DÉMONSTRATIFS

1 Formes

Les pronoms démonstratifs sont semblables aux adjectifs démonstratifs, à l'exception du fait qu'ils prennent en principe un accent écrit sur la voyelle accentuée pour les distinguer des adjectifs. Toutefois, la tendance actuelle consiste à ne mettre d'accents ni aux adjectifs ni aux pronoms.

LES DÉMONSTRATIFS

éste, éstos, ésta, éstas
ése, ésos, ésa, ésas
aquél, aquéllos, aquélla, aquéllas

Il existe aussi une forme neutre, qui ne prend pas d'accent écrit puisqu'il n'y a aucun risque de confusion :

esto, eso, aquello

2 Emploi

a) *Espace et temps*

Les pronoms démonstratifs marquent la notion de lieu et de temps de la même façon que les adjectifs démonstratifs :

este chico es más alto que ése
ce garçon-ci est plus grand que celui-là

esa falda no está mal, pero prefiero aquélla
cette jupe n'est pas mal, mais je préfère celle-là (là-bas)

b) *Nuance affective*

De même que pour l'adjectif ese, les formes du pronom ése peuvent servir à marquer le mépris :

¡ésa es una imbécil!
c'est une imbécile celle-là !

c) Aquél... éste

Aquél et éste peuvent servir à traduire "le premier... le/ce dernier" ou "celui-là... celui-ci" :

hay empleos entretenidos y empleos aburridos, de aquéllos hay
 menos que de éstos
*il y a des emplois intéressants et des emplois ennuyeux, les premiers
 étant moins fréquents que ces derniers*

d) *Le pronom neutre*

On emploie les pronoms démonstratifs neutres esto, eso et aquello pour parler d'un objet inconnu, d'une situation, d'une idée :

¿qué es eso que tienes en la mano?
qu'est-ce que c'est que ça dans ta main ?

aquello de Rosa es muy extraño
cette histoire qui arrive à Rosa est très bizarre

LES DÉMONSTRATIFS

convendría subir los impuestos ; **esto** va a resultar muy difícil
il faudrait augmenter les impôts ; cela va être très difficile

e) *Traduction de "celui qui", "celui de"*

Ces démonstratifs français ne se traduisent pas par des démonstratifs en espagnol, mais par l'article défini suivi de **que** ou **de** selon le cas :

los que piensan eso se equivocan
ceux qui pensent cela ont tort

¿prefieres el coche de Luis o **el de** Paco?
tu préfères la voiture de Luis ou celle de Paco ?

El se contracte de la même façon que lorsqu'il est employé comme simple article défini : **a + el** devient **al** et **de + el** devient **del** :

tu vestido es diferente **del de** Rosa
ta robe est différente de celle de Rosa

prefiero el coche de Luis **al de** Paco
je préfère la voiture de Luis à celle de Paco

10 LES MOTS INTERROGATIFS

Remarque :

Avant toute chose, n'oubliez pas que les mots interrogatifs portent toujours un accent écrit qui les distingue de leurs équivalents non interrogatifs. Ceci est vrai dans les interrogations directes (¿cuándo te vas?) mais aussi dans les interrogations indirectes (no sé cuándo me voy a ir).

A LES ADJECTIFS INTERROGATIFS

1 ¿Qué...?

Qué employé en tant qu'adjectif interrogatif est invariable :

¿qué libro te gusta más?
quel livre est-ce que tu préfères ?

le pregunté qué películas había visto últimamente
je lui ai demandé quels films il avait vus ces derniers temps

2 ¿Cuánto...?, ¿cuánta...?, ¿cuántos...?, ¿cuántas...?

¿cuánto dinero vais a necesitar?
de combien d'argent aurez-vous besoin ?

¿cuántos años tienes?
quel âge as-tu ?

B LES PRONOMS INTERROGATIFS

1 ¿Qué...?

L'espagnol ne fait pas la différence qui existe en français entre "qu'est-ce que..." (complément) et "qu'est-ce qui..." (sujet). Tous deux sont rendus par qué :

¿qué vas a tomar?
qu'est-ce que tu vas prendre ?/que vas-tu prendre ?

LES MOTS INTERROGATIFS

¿qué pasa?
qu'est-ce qui se passe ?/que se passe-t-il ?

Dans une proposition dépendant d'un verbe tel que decir, preguntar ou saber, qué peut être remplacé par lo que :

no sé qué ha pasado/no sé lo que ha pasado
je ne sais pas ce qui s'est passé

2 ¿Quién...?

C'est l'équivalent de "qui... ?" :

¿quién es esa chica?
qui est cette fille ?

¿con quién estabas hablando?
à qui parlais-tu ?

3 ¿Cuál...?

Cuál est un pronom interrogatif qui s'emploie lorsqu'il y a un choix possible. Si le nom est exprimé, cuál doit être suivi de de :

¿cuál te gustó más?
lequel est-ce que tu as le plus aimé ?

¿cuál de estos coches prefieres?
laquelle de ces voitures est-ce que tu préfères ?

no sé cuáles elegir
je ne sais pas lesquelles choisir

LES ADVERBES INTERROGATIFS

1 La cause et le but : ¿por qué...? et ¿para qué...?

Tandis que le français n'emploie qu'un seul mot (pourquoi... ?) pour exprimer la cause et le but, l'espagnol, lui, fait la différence :

¿por qué te marchaste tan temprano?
pourquoi es-tu parti si tôt ? (= pour quelle raison)

¿para qué te tomas tanta molestia?
pourquoi te donnes-tu tant de mal ? (= dans quel but)

LES MOTS INTERROGATIFS

2 La manière : ¿cómo...?

¿cómo estás hoy?
comment vas-tu aujourd'hui ?

no sé cómo se abre esto
je ne sais pas comment ça s'ouvre

La langue parlée emploie aussi ¿qué tal...? à la place de ¿cómo...? pour s'enquérir de l'état de quelqu'un ou de quelque chose, ou de l'opinion de quelqu'un sur quelque chose :

¡hola! ¿qué tal (estás)?
bonjour ! comment ça va ?

¿qué tal la película?
comment tu as trouvé le film ?

3 Le lieu : ¿dónde...? et ¿adónde...?

Le premier s'emploie lorsqu'il n'y a pas d'idée de mouvement, le second avec un verbe de mouvement :

¿dónde vives?
où vis-tu ?

no sabemos adónde ir ahora
nous ne savons pas où aller maintenant

4 Le temps : ¿cuándo...? et les questions avec ¿qué...?

¿cuándo llegasteis?
quand êtes-vous arrivés ?

¿qué día te vas?
quel jour est-ce que tu pars ?

¿a qué hora empieza la función?
à quelle heure commence la séance ?

5 La quantité : ¿cuánto...?

¿cuánto cuesta esto?
combien coûte ceci ?

¿cuánto tardaste en terminar?
il t'a fallu combien de temps pour finir ?

11 LES PRONOMS RELATIFS

A FORMES

1 Les pronoms relatifs simples

a) **Que** (*qui/que*)

Que fait référence aux personnes ou aux choses, que celles-ci soient au singulier ou au pluriel. Notez qu'il est invariable.

Remarque :

> Que peut avoir la fonction de sujet ("qui" en français) ou de complément d'objet direct ("que" en français). Voir les exemples en B 1.

b) **Quien/quienes** (*qui/que, celui qui/que, etc., lequel, etc.*)

Quien (singulier) et quienes (pluriel) font uniquement référence aux personnes et sont généralement employés après une préposition.

2 Les pronoms relatifs composés

Les pronoms relatifs composés ont des formes distinctes pour le masculin singulier et le masculin pluriel, le féminin singulier et le féminin pluriel. Ils ont aussi une forme neutre.

a) **El que** (*qui/que, lequel, etc., celui qui/que, etc.*)

	MASCULIN	FÉMININ	NEUTRE
singulier	el que	la que	lo que
pluriel	los que	las que	

b) **El cual** (*qui/que, lequel, etc., celui qui/que, etc.*)

	MASCULIN	FÉMININ	NEUTRE
singulier	el cual	la cual	lo cual
pluriel	los cuales	las cuales	

LES PRONOMS RELATIFS

B EMPLOI

1 Le pronom relatif que

los hombres que están charlando son españoles
les hommes qui sont en train de bavarder sont espagnols

¿viste la película que pusieron ayer?
tu as vu le film qu'ils ont passé hier ?

Comme le montrent ces deux exemples, en espagnol on ne fait pas la distinction qui existe en français entre "qui" et "que". Tous deux se traduisent par que.

2 Le pronom relatif cuyo

Pour son accord, voir page 79.

la pareja cuyos hijos viven en América
le couple dont les enfants vivent en Amérique

una ciudad cuya catedral es famosa
une ville dont la cathédrale est célèbre

3 Après une préposition

a) *Si l'antécédent est une personne*

En règle générale, que n'est pas utilisé si l'antécédent est une personne. Il est généralement remplacé par quien (ou son pluriel quienes), bien que, selon les cas, la forme el/la que (pluriel : los/las que) ou el/la cual (pluriel : los/las cuales) soit aussi parfois utilisée :

el hombre con quien/con el que hablaba es mi tío
l'homme auquel je parlais est mon oncle

los turistas a quienes/a los que vendí mi coche
les touristes à qui j'ai vendu ma voiture

Notez que le a qui introduit le complément de personne d'un verbe transitif fait partie des prépositions qui réclament l'emploi de quien (ou de el que, la que, etc.) à la place de que :

la chica a quien/a la que mirabas antes
la fille que tu regardais tout à l'heure

LES PRONOMS RELATIFS

b) *Si l'antécédent est une chose*

- Si le pronom relatif est précédé d'une préposition composée (c'est-à-dire comprenant plus d'un mot), une des formes composées du pronom relatif doit être utilisée. Vous devez choisir la forme de el que ou el cual qui s'accorde en genre et en nombre avec l'antécédent :

    la casa detrás de la cual se encuentra el lago
    la maison derrière laquelle se trouve le lac

    el árbol debajo del cual nos besamos por primera vez
    l'arbre sous lequel nous nous sommes embrassés pour la première fois

    Puisque les formes el que et el cual sont en fait des formes de l'article défini suivi de que ou cual, on effectue les contractions habituelles (voir page 21) :

    el edificio delante del cual esperábamos
    le bâtiment devant lequel nous attendions

    el problema frente al que nos encontramos
    le problème auquel nous sommes confrontés

- Après les prépositions simples de, en, con, etc., on peut utiliser que ou el que*, quoique dans un niveau de langue plus soutenu on préfère souvent les formes composées :

    la casa en que vivimos es muy vieja
    la maison dans laquelle nous habitons est très vieille

    Comparez avec :

    la casa en la cual vivimos es muy vieja

    *En règle générale, que s'emploie lorsque l'antécédent est déjà accompagné de l'article défini, et el que, la que, etc., lorsqu'il n'y a pas d'article défini :

    era una época en la que la agricultura tenía mucha importancia
    c'était une époque où l'agriculture avait une grande importance

- Les formes composées el que, la que, etc., et el cual, la cual, etc., sont souvent en concurrence après des prépositions indiquant une localisation dans l'espace ou dans le temps, qu'il s'agisse de prépositions simples ou composées : sobre, detrás de, bajo, contra, etc. :

el techo sobre el que/el cual pusieron una chimenea
le toit sur lequel ils ont mis une cheminée

4 Lo que, lo cual

Si l'antécédent ne fait pas référence à une chose ou des choses concrètes mais à une situation ou à une idée, les formes neutres lo que ou lo cual doivent être utilisées. L'une ou l'autre peuvent s'employer indifféremment lorsqu'elles servent à rappeler quelque chose qui précède, mais seul lo que peut traduire "ce qui" ou "ce que" sans antécédent :

no sé lo que pasó
je ne sais pas ce qui s'est passé

En espagnol, on ne fait pas la distinction qui existe en français entre "ce qui" et "ce que". Tous deux se traduisent par lo que ou lo cual.

Juan insistió en acompañarnos, lo cual no me gustó nada
Juan a insisté pour venir avec nous, ce qui ne m'a pas du tout plu

María se negó a hacerlo, lo que no entiendo
María a refusé de le faire, ce que je ne comprends pas

5 Lorsque l'antécédent est indéfini ou négatif

L'antécédent d'un pronom relatif est indéfini si le nom que l'on décrit fait référence à quelque chose (objet/personne/idée) dont l'existence n'est pas certaine.

L'antécédent est négatif si le nom que l'on décrit fait référence à quelque chose qui n'existe pas.

Dans les deux cas, le verbe de la proposition relative doit être au subjonctif.

En ce qui concerne la construction du subjonctif, voir pages 111-14. Utilisez le présent ou l'imparfait du subjonctif selon le contexte.

a) *Les antécédents indéfinis*

busco a alguien que pueda hacer esto
je cherche quelqu'un qui puisse faire ceci

Cette personne peut ne pas exister. Vous pouvez ne pas la trou-

LES PRONOMS RELATIFS

ver. Comparez ce dernier exemple avec **busco a un hombre que habla español**, où l'utilisation de l'indicatif **habla** indique que vous connaissez un homme qui parle espagnol, mais que vous ne le trouvez simplement pas en ce moment.

los que no quieran participar pueden irse ahora
ceux qui ne souhaitent pas participer peuvent partir maintenant

On ne peut pas savoir combien de personnes ne souhaiteront pas participer. En fait, il est possible que tout le monde souhaite participer.

Cette construction est fréquemment employée avec les propositions relatives qui font référence au futur :

los que no lleguen a tiempo no podrán entrar
ceux qui n'arriveront pas à temps ne pourront pas entrer

Bien sûr, il est possible que tout le monde arrive à temps.

Dans un langage soutenu, **quien** est utilisé seul en tant que pronom relatif indéfini signifiant "quelqu'un", "quiconque" :

busco quien me ayude
je cherche quelqu'un pour m'aider (ou qui puisse m'aider)

quien diga eso no entiende nada
quiconque dit cela ne comprend rien

b) *Les antécédents négatifs*

no hay nadie que sepa hacerlo
il n'y a personne qui sache le faire

no tengo libro que te valga
je n'ai pas de livre qui puisse t'être utile

no conozco ningún país donde permitan eso
je ne connais pas de pays où cela soit permis

12 LES ADJECTIFS ET LES PRONOMS INDÉFINIS

A LES ADJECTIFS INDÉFINIS : FORMES

1 Principaux adjectifs indéfinis

alguno/alguna	*quelconque, un/une*
algunos/algunas	*certains/certaines*
ambos/ambas	*les deux*
bastante(s)	*assez de*
cada	*chaque*
cada uno/una	*chacun/chacune*
cierto/cierta	*un certain/une certaine*
ciertos/ciertas	*certains/certaines*
cualquiera	*n'importe quel/quelle, tout/toute*
demasiado(s)/demasiada(s)	*trop de*
mismo/misma	*même, lui-même/elle-même*
mucho(s)/mucha(s)	*beaucoup de*
ninguno/ninguna	*aucun/aucune*
otro(s)/otra(s)	*un/une autre, d'autres*
pocos/pocas	*peu de*
tal(es)	*tel(s)/telle(s)*
tanto(s)/tanta(s)	*tant de*
todo(s)/toda(s)	*tout/toute, tous/toutes*
unos/unas	*quelques*
varios/varias	*plusieurs*

tengo **bastante** trabajo
j'ai assez de travail

tuvimos **ciertas** dificultades
nous avons eu certaines difficultés

2 L'apocope de l'adjectif

Certains adjectifs indéfinis perdent leur **-o** immédiatement avant un nom masculin singulier :

LES ADJECTIFS ET LES PRONOMS INDÉFINIS

alguno	¿hay algún autobús por aquí? *est-ce qu'il y a un autobus par ici ?*
ninguno	no veo ningún tren *je ne vois aucun train*

Notez que ningún et algún doivent prendre un accent écrit lorsque l'on fait ainsi l'apocope.

Cualquiera devient cualquier devant les noms singuliers qu'ils soient masculins ou féminins :

cualquier libro *n'importe quel livre*	cualquier casa *n'importe quelle maison*

B LES PRONOMS INDÉFINIS : FORMES

algo	*quelque chose*
alguien	*quelqu'un*
alguno	*quelqu'un*
algunos/algunas	*quelques-uns/quelques-unes*
ambos/ambas	*les deux*
bastantes	*assez*
ciertos/ciertas	*certains/certaines*
cualquiera	*n'importe qui, quiconque*
muchos/muchas	*beaucoup*
nada	*rien*
nadie	*personne*
ninguno/ninguna	*aucun/aucune*
otro(s)/otra(s)	*un/une autre, d'autres*
pocos/pocas	*peu (d'entre eux/elles, etc.)*
tantos/tantas	*tant, autant*
todos/todas	*tous/toutes*
uno/una	*un/une, on*
varios/varias	*plusieurs*

¿quieres más caramelos? – no, gracias, tengo bastantes
tu veux encore des bonbons ? – non, merci, j'en ai assez

no sé cuál elegir, me gustan ambas
je ne sais pas laquelle choisir, les deux me plaisent

LES ADJECTIFS ET LES PRONOMS INDÉFINIS

C LES ADJECTIFS INDÉFINIS : EMPLOI

1 Alguno

Au singulier, l'adjectif alguno signifie "quelconque" lorsqu'il fait partie d'une phrase affirmative ; il se place alors avant le nom :

compró el libro en alguna librería
il a acheté le livre dans une librairie quelconque

Placé après le nom dans une phrase négative ou après sin, alguno signifie "aucun" :

no siente remordimiento alguno
il n'a aucun remords

lo hizo sin dificultad alguna
elle l'a fait sans aucune difficulté

Au pluriel, il signifie simplement "quelques". Dans ce cas, il peut être remplacé, sans changer le sens de la phrase, par la forme appropriée de unos/unas :

vinieron algunos/unos hombres y se pusieron a trabajar
quelques hommes sont venus et se sont mis au travail

2 Cualquier(a)

Notez qu'il n'y a qu'une seule forme du singulier – cualquier – et qu'une seule forme du pluriel – cualesquiera, d'un emploi très rare par ailleurs :

puedes utilizar cualquier máquina
tu peux utiliser n'importe quelle machine

cualquier mecánico puede hacerlo
n'importe quel mécanicien peut le faire

Cualquiera peut se placer après le nom, auquel cas il ne s'apocope pas :

ven una tarde cualquiera
viens n'importe quelle après-midi

3 Mismo

Outre les emplois similaires au français (par exemple lleva el mismo vestido que yo), mismo peut correspondre au pronom "lui-

LES ADJECTIFS ET LES PRONOMS INDÉFINIS

même"/"elle-même"/"eux-mêmes"/"elles-mêmes" :

me entrevisté con la misma presidente
j'ai eu un entretien avec la présidente elle-même/en personne

4 Otro

Otro/otra/otros/otras s'emploient toujours sans article indéfini :

¿quieres otro trozo de pastel?
tu veux un autre morceau de gâteau ?

ya encontrarás otras cosas que hacer
tu trouveras bien d'autres choses à faire

Lorsque otro est accompagné d'un nombre ou d'une quantité, il est toujours placé devant, contrairement au français :

dame otras dos manzanas
donne-moi deux autres pommes

conocemos otros muchos casos
nous connaissons beaucoup d'autres cas

5 Todo

Todo et toda peuvent prendre une valeur adverbiale lorsqu'ils précèdent un adjectif qualificatif ou un participe :

la hierba está toda mojada
l'herbe est toute mouillée

D LES PRONOMS INDÉFINIS : EMPLOI

1 Algo

Algo n'est jamais suivi de de lorsqu'il traduit la tournure française "quelque chose de" + adjectif :

acabo de ver algo muy raro
je viens de voir quelque chose de très étrange

Algo peut également prendre une valeur adverbiale ; il se traduit alors par "un peu" :

LES ADJECTIFS ET LES PRONOMS INDÉFINIS

es una chica algo tímida
c'est une fille un peu timide

deberías trabajar algo más
tu devrais travailler un peu plus

2 Alguno

Employé comme pronom, alguno a le même sens que alguien, mais il est plus déterminé :

esto lo podría hacer alguno de ellos
l'un d'entre eux pourrait le faire

3 Cualquiera

Employé comme pronom, il exprime la même idée que "n'importe lequel/laquelle/lesquels/lesquelles". Dans ce cas, la forme du singulier est toujours cualquiera et la forme du pluriel cualesquiera :

¿cuál de los libros quieres? – cualquiera
quel livre veux-tu ? – n'importe lequel

¿qué falda vas a comprar? – cualquiera
quelle jupe est-ce que tu vas acheter ? – n'importe laquelle

¿qué flores quieres? – cualesquiera
quelles fleurs est-ce que tu veux ? – n'importe lesquelles

4 Mismo

Lo mismo signifie "la même chose" ; il fait souvent partie d'une comparaison avec que ou de :

¿quieres lo mismo otra vez?
tu veux encore la même chose ?

es lo mismo de siempre
c'est toujours la même chose

tomaré lo mismo que tú
je prendrai la même chose que toi

Après un adverbe de temps ou de lieu, mismo a une valeur emphatique :

os espero aquí mismo
je vous attends ici même

¡para ahora mismo!
arrête tout de suite !

5 Nada

Nada n'est jamais suivi de de lorsqu'il traduit la tournure française "rien de" + adjectif :

Les adjectifs et les pronoms indéfinis

no tengo nada interesante que contarle
je n'ai rien d'intéressant à vous raconter

Nada peut également prendre une valeur adverbiale ; il se traduit alors par "pas du tout" :

no es nada simpática
elle n'est pas du tout sympathique

la película no está nada mal
le film n'est pas mal du tout

6 Todo

Lorsque todo est complément d'objet direct, le verbe doit être précédé de lo :

se lo comió todo
il a tout mangé

léelo todo
lis tout

7 Uno

En fonction de sujet, uno/una peut traduire "on" :

a la larga uno se acostumbra a todo
à la longue, on s'habitue à tout

13 LES VERBES

A LES DIFFÉRENTES CATÉGORIES DE VERBES : LES CONJUGAISONS

Il existe trois conjugaisons pour les verbes en espagnol. L'infinitif d'un verbe indique la conjugaison à laquelle il appartient :

- tous les verbes se terminant en **-ar** appartiennent à la première conjugaison
- tous les verbes se terminant en **-er** appartiennent à la deuxième conjugaison
- tous les verbes se terminant en **-ir** appartiennent à la troisième conjugaison

Certains verbes sont irréguliers, d'autres présentent de petites exceptions. On traitera de ces verbes séparément.

L'espagnol possède de nombreux verbes dont la voyelle du radical (voir ci-dessous), quand elle est accentuée, subit certaines modifications. Pourtant, les terminaisons de ces verbes demeurent parfaitement normales. Il sera question de ces verbes pages 115-23.

Tous les verbes d'origine très récente sont automatiquement classés dans la première conjugaison et adoptent ses terminaisons et ses formes, par exemple : **informatizar** (*informatiser*).

B LA FORMATION DES TEMPS

1 Les temps simples

Les temps peuvent être soit simples, c'est-à-dire comprenant un seul mot, soit composés, lorsqu'un auxiliaire est employé avec un participe du verbe principal.

a) *Le présent*

On obtient le radical pour le présent du verbe en supprimant les terminaisons **-ar**, **-er** ou **-ir** de l'infinitif. Le présent est alors formé en ajoutant les terminaisons suivantes au radical :

LES VERBES

1ère conjugaison :	-o, -as, -a, -amos, -áis, -an
2ème conjugaison :	-o, -es, -e, -emos, éis, -en
3ème conjugaison :	-o, -es, -e, -imos, -ís, -en

cant-ar (*chanter*)	beb-er (*boire*)	recib-ir (*recevoir*)
canto	bebo	recibo
cantas	bebes	recibes
canta	bebe	recibe
cantamos	bebemos	recibimos
cantáis	bebéis	recibís
cantan	beben	reciben

- *Irrégularités du présent*

  Voir pages 129-30 et 132-3 pour ser et estar et les verbes irréguliers dar et ir. Voir pages 115-23 pour les verbes dont le radical change.

- *Verbes de la première conjugaison se terminant par* -iar *et* -uar

  La plupart de ces verbes prennent l'accent tonique et aussi un accent écrit sur le i ou le u final du radical à toutes les personnes sauf la première et la deuxième personne du pluriel :

enviar (*envoyer*)	continuar (*continuer*)
envío	continúo
envías	continúas
envía	continúa
enviamos	continuamos
enviáis	continuáis
envían	continúan

Les exceptions les plus courantes sont les verbes cambiar (cambio, cambias, etc.) et averiguar (averiguo, averiguas, etc.).

- *Verbes de la deuxième conjugaison se terminant par* -ecer

  La terminaison de la première personne du singulier est -ezco. Toutes les autres formes sont régulières :

  parecer (*paraître, sembler*)   parezco, pareces...
  crecer (*grandir, pousser*)   crezco, creces...

- *Verbes de la troisième conjugaison se terminant en* -uir *et le verbe* oír

  On ajoute un y au radical de ces verbes à moins que le radical ne soit suivi d'un i accentué, c'est-à-dire à toutes les personnes sauf à la première et la deuxième personne du pluriel. Remarquez que la première personne du singulier de oír est aussi irrégulière :

construir (*construire*)	oír (*entendre*)
construyo	oigo
construyes	oyes
construye	oye
construimos	oímos
construís	oís
construyen	oyen

- *Verbes de la troisième conjugaison se terminant par -ucir*

La terminaison de la première personne du singulier est -uzco. Toutes les autres formes sont régulières :

conducir (*conduire*)	conduzco, conduces...
producir (*produire*)	produzco, produces...

- *Verbes de la deuxième et de la troisième conjugaison dont le radical se termine par un c ou un g*

Ces verbes changent leur c en z et leur g en j à la première personne du singulier. Toutes les autres formes sont régulières :

vencer (*vaincre*)	venzo, vences...
esparcir (*répandre*)	esparzo, esparces...
escoger (*choisir*)	escojo, escoges...
rugir (*rugir*)	rujo, ruges...

- *Verbes de la troisième conjugaison dont le radical se termine par qu ou gu*

Ces verbes changent leur qu en c et le gu en g à la première personne du singulier. Toutes les autres formes sont régulières :

delinquir (*commettre un délit*)	delinco, delinques...
distinguir (*distinguer*)	distingo, distingues...

- *Verbes de la troisième conjugaison dont l'infinitif se termine en -güir*

Ces verbes perdent leur tréma, sauf à la première et à la deuxième personne du pluriel :

argüir (*déduire, arguer*)	arguyo, arguyes, arguye, argüimos, argüís, arguyen

LES VERBES

- *Verbes dont la première personne du singulier est irrégulière*

Les verbes suivants présentent à la première personne du singulier des irrégularités souvent imprévisibles :

caber	*tenir dans*	quepo
caer	*tomber*	caigo
conocer	*savoir*	conozco
dar	*donner*	doy
decir	*dire*	digo
estar	*être*	estoy
hacer	*faire*	hago
ir	*aller*	voy
oír	*entendre*	oigo
poner	*mettre*	pongo
saber	*savoir*	sé
salir	*sortir, partir*	salgo
ser	*être*	soy
tener	*avoir*	tengo
traer	*apporter*	traigo
valer	*valoir*	valgo
venir	*venir*	vengo

Toutes les formes composées de ces verbes ont les mêmes irrégularités.

contradecir	*contredire*	contradigo
obtener	*obtenir*	obtengo

Notez que satisfacer se comporte comme hacer sur lequel il est construit :

satisfacer	*satisfaire*	satisfago

b) *Le futur*

On forme le futur des verbes de toutes les conjugaisons en ajoutant les terminaisons suivantes à l'infinitif du verbe, quelle que soit la conjugaison à laquelle il appartient :

LES VERBES

1ère, 2ème & 3ème conjugaisons :	-é, -ás, -á, -emos, -éis, -án	
cantaré	beberé	recibiré
cantarás	beberás	recibirás
cantará	beberá	recibirá
cantaremos	beberemos	recibiremos
cantaréis	beberéis	recibiréis
cantarán	beberán	recibirán

- *Irrégularités du futur*

Pour un certain nombre de verbes, on ajoute les terminaisons du futur à un radical irrégulier :

caber	*tenir dans*	cabré
decir	*dire*	diré
haber	*avoir*	habré
hacer	*faire*	haré
poder	*pouvoir*	podré
poner	*mettre*	pondré
querer	*vouloir*	querré
saber	*savoir*	sabré
salir	*sortir, partir*	saldré
tener	*avoir*	tendré
valer	*valoir*	valdré
venir	*venir*	vendré

Ici encore, tous les composés de ces verbes présentent les mêmes irrégularités :

| deshacer | *défaire* | desharé |
| convenir | *convenir/tomber d'accord* | convendré |

c) *L'imparfait*

On forme l'imparfait en ajoutant les terminaisons suivantes au radical de l'infinitif :

LES VERBES

1ère conjugaison :	-aba, -abas, -aba, -ábamos, -abais, -aban
2ème & 3ème conjugaisons :	-ía, -ías, -ía, -íamos, -íais, -ían

cantaba	bebía	recibía
cantabas	bebías	recibías
cantaba	bebía	recibía
cantábamos	bebíamos	recibíamos
cantabais	bebíais	recibíais
cantaban	bebían	recibían

- *Irrégularités de l'imparfait*

Il n'y a que trois verbes irréguliers à l'imparfait en espagnol :

ser (*être*)	ir (*aller*)	ver (*voir*)
era	iba	veía
eras	ibas	veías
era	iba	veía
éramos	íbamos	veíamos
erais	ibais	veíais
eran	iban	veían

d) *Le passé simple*

On forme le passé simple en ajoutant les terminaisons suivantes au radical de l'infinitif :

1ère conjugaison :	-é, -aste, -ó, -amos, -asteis, -aron
2ème & 3ème conjugaisons :	-í, -iste, -ió, -imos, -isteis, -ieron

canté	bebí	recibí
cantaste	bebiste	recibiste
cantó	bebió	recibió
cantamos	bebimos	recibimos
cantasteis	bebisteis	recibisteis
cantaron	bebieron	recibieron

- *Irrégularités du passé simple*

  - Le passé simple dit **pretérito grave**

Ce groupe comprend un nombre relativement important de verbes appartenant principalement à la deuxième et à la troisième conjugaison, qui ont des radicaux irréguliers et qui prennent les terminaisons suivantes :

-e, -iste, -o, -imos, -isteis, -ieron

Remarquez en particulier que les terminaisons de la première et de la troisième personne du singulier ne sont pas accentuées (le terme grave dans pretérito grave signifie "accentué sur l'avant-dernière syllabe").

Si le radical se termine lui-même par un j, la terminaison de la troisième personne du pluriel est raccourcie et devient -eron.

andar	anduve, anduviste, anduvo, anduvimos, anduvisteis, anduvieron
caber	cupe, cupiste, cupo, cupimos, cupisteis, cupieron
decir	dije, dijiste, dijo, dijimos, dijisteis, dijeron
estar	estuve, estuviste, estuvo, estuvimos, estuvisteis, estuvieron
haber	hube, hubiste, hubo, hubimos, hubisteis, hubieron
hacer	hice, hiciste, hizo, hicimos, hicisteis, hicieron
poder	pude, pudiste, pudo, pudimos, pudisteis, pudieron
poner	puse, pusiste, puso, pusimos, pusisteis, pusieron
querer	quise, quisiste, quiso, quisimos, quisisteis, quisieron
saber	supe, supiste, supo, supimos, supisteis, supieron
tener	tuve, tuviste, tuvo, tuvimos, tuvisteis, tuvieron
traer	traje, trajiste, trajo, trajimos, trajisteis, trajeron
venir	vine, viniste, vino, vinimos, vinisteis, vinieron

Tous les composés de ces verbes présentent les mêmes irrégularités :

contraer (*contracter*)   contraje…
componer (*composer*)   compuse…

Ce groupe compte aussi tous les verbes se terminant en -ucir, sauf lucir qui est régulier. Leur radical se termine en -uj :

producir   produje, produjiste, produjo, produjimos, produjisteis, produjeron

LES VERBES

- Autres verbes

Les verbes suivants sont également irréguliers :

dar (*donner*)	di, diste, dio, dimos, disteis, dieron
ir (*aller*)	fui, fuiste, fue, fuimos, fuisteis, fueron
ser (*être*)	fui, fuiste, fue, fuimos, fuisteis, fueron
ver (*voir*)	vi, viste, vio, vimos, visteis, vieron

Comme on peut le constater, les formes du passé simple de ir et ser sont identiques. Cependant, le contexte permet toujours de savoir de quel verbe il s'agit.

- Modifications orthographiques

Les verbes de la première conjugaison dont le radical se termine par un c ou un g modifient ces radicaux, qui deviennent qu ou gu à la première personne du singulier du prétérit. Toutes les autres formes sont régulières :

explicar (*expliquer*)   expliqué, explicaste...
llegar (*arriver*)   llegué, llegaste...

Ces verbes suivent en cela les règles de l'orthographe espagnole.

Pour les verbes se terminant par -aer, -eer, -oer et -uir, le i de la terminaison aux troisièmes personnes du singulier et du pluriel devient y. Toutes les autres formes sont régulières :

caer (*tomber*)	cayó	cayeron
construir (*construire*)	construyó	construyeron
leer (*lire*)	leyó	leyeron
roer (*ronger*)	royó	royeron

Oír appartient aussi à cette catégorie :

oír (*entendre*)   oyó   oyeron

Les verbes de la troisième conjugaison se terminant en -güir perdent leur tréma aux troisièmes personnes du singulier et du pluriel :

argüir   argüí, argüiste, arguyó, argüimos, argüisteis, arguyeron

Les verbes de la deuxième et de la troisième conjugaison dont le radical se termine par ñ perdent le i des terminaisons des troisièmes personnes du singulier et du pluriel :

| gruñir (*grogner*) | gruñó | gruñeron |
| tañer (*jouer de*) | tañó | tañeron |

e) *Le conditionnel*

On forme le conditionnel pour toutes les conjugaisons en ajoutant les terminaisons suivantes à l'infinitif du verbe :

1ère, 2ème & 3ème conjugaisons :	**ía, -ías, -ía, -íamos, -íais, -ían**	
cantaría	bebería	recibiría
cantarías	beberías	recibirías
cantaría	bebería	recibiría
cantaríamos	beberíamos	recibiríamos
cantaríais	beberíais	recibiríais
cantarían	beberían	recibirían

- *Les irrégularités du conditionnel*

Tout verbe ayant un radical irrégulier au futur conserve le même radical pour la formation du conditionnel (voir page 103). Par exemple :

infinitif	*futur*	*conditionnel*
hacer	haré	haría
venir	vendré	vendría

2 Les temps composés

On forme les temps composés en employant un verbe auxiliaire avec soit le participe présent, soit le participe passé.

a) *Le participe présent*

- *Les formes régulières*

On forme le participe présent en ajoutant les terminaisons suivantes au radical de l'infinitif :

1ère conjugaison :	-ando
2ème & 3ème conjugaisons :	-iendo
hablar	hablando
comer	comiendo
salir	saliendo

LES VERBES

- *Les formes irrégulières*

Dans les verbes se terminant en **-aer**, **-eer**, **-oer** et **-uir**, ainsi que le verbe **oír**, le **i** de la terminaison se transforme en **y** :

caer	ca**y**endo
construir	constru**y**endo
creer	cre**y**endo
oír	o**y**endo
roer	ro**y**endo

Les verbes se terminant par **-güir** perdent leur tréma au participe présent :

argüir	arg**u**yendo

Les verbes de la deuxième et de la troisième conjugaison dont le radical se termine par **ñ** perdent le **i** de la terminaison :

gruñir	gru**ñ**endo
tañer	ta**ñ**endo

Les verbes de la troisième conjugaison dont le radical change et qui appartiennent aux groupes c), d) et e) des pages 119-23 ont aussi des participes présents irréguliers :

dormir	durmiendo
pedir	pidiendo
sentir	sintiendo

b) *Le participe passé*

- *Les formes régulières*

On forme le participe passé d'un verbe régulier en supprimant la terminaison de l'infinitif et en ajoutant au radical ainsi obtenu :

1ère conjugaison :	**-ado**	cantado
2ème & 3ème conjugaisons :	**-ido**	bebido, recibido

- *Les formes irrégulières*

Certains verbes ont des formes irrégulières au participe passé. Voici les plus couramment employés :

LES VERBES

abrir	ouvrir	abierto	ouvert
cubrir	couvrir	cubierto	couvert
decir	dire	dicho	dit
escribir	écrire	escrito	écrit
hacer	faire	hecho	fait
morir	mourir	muerto	mort
poner	mettre	puesto	mis
resolver	résoudre	resuelto	résolu
ver	voir	visto	vu
volver	retourner	vuelto	retourné

Les verbes composés à partir de ces verbes présentent les mêmes irrégularités dans leurs formes du participe passé, par exemple :

| descubrir | découvrir | descubierto | découvert |
| describir | décrire | descrito | décrit |

Le verbe satisfacer se comporte comme un verbe composé formé sur hacer :

| satisfacer | satisfaire | satisfecho | satisfait |

c) *L'aspect progressif des temps*

On peut mettre n'importe quel temps à la forme progressive en utilisant estar (ou dans certains cas ir, venir, seguir, continuar, andar) avec le participe présent. Voir page 130 la conjugaison complète de estar :

estamos trabajando
nous sommes en train de travailler

yo estaba estudiando cuando Juan entró
j'étais en train d'étudier lorsque Juan est entré

Les formes progressives sont traitées intégralement pages 144-5.

d) *Le passé composé*

Les temps composés du passé se construisent à l'aide de l'auxiliaire haber au temps qui convient, suivi du participe passé du verbe principal. La conjugaison complète de haber est donnée page 131.

LES VERBES

Le passé composé se construit à l'aide du présent du verbe haber et du participe passé du verbe principal :

he cantado	he bebido	he recibido
has cantado	has bebido	has recibido
ha cantado	ha bebido	ha recibido
hemos cantado	hemos bebido	hemos recibido
habéis cantado	habéis bebido	habéis recibido
han cantado	han bebido	han recibido

e) *Le plus-que-parfait*

Le plus-que-parfait se construit à l'aide de l'imparfait de haber et du participe passé du verbe principal :

había cantado	había bebido	había recibido
habías cantado	habías bebido	habías recibido
había cantado	había bebido	había recibido
habíamos cantado	habíamos bebido	habíamos recibido
habíais cantado	habíais bebido	habíais recibido
habían cantado	habían bebido	habían recibido

f) *Le futur antérieur*

Le futur antérieur se construit à l'aide du futur de haber et du participe passé du verbe principal :

habré cantado	habré bebido	habré recibido
habrás cantado	habrás bebido	habrás recibido
habrá cantado	habrá bebido	habrá recibido
habremos cantado	habremos bebido	habremos recibido
habréis cantado	habréis bebido	habréis recibido
habrán cantado	habrán bebido	habrán recibido

g) *Le passé antérieur*

Le passé antérieur se construit à l'aide du passé simple de haber et du participe passé du verbe principal :

hube cantado	hube bebido	hube recibido
hubiste cantado	hubiste bebido	hubiste recibido
hubo cantado	hubo bebido	hubo recibido
hubimos cantado	hubimos bebido	hubimos recibido
hubisteis cantado	hubisteis bebido	hubisteis recibido
hubieron cantado	hubieron bebido	hubieron recibido

h) *Le conditionnel passé*

Le conditionnel passé se construit à l'aide du conditionnel de haber et du participe passé du verbe principal :

habría cantado	habría bebido	habría recibido
habrías cantado	habrías bebido	habrías recibido
habría cantado	habría bebido	habría recibido
habríamos cantado	habríamos bebido	habríamos recibido
habríais cantado	habríais bebido	habríais recibido
habrían cantado	habrían bebido	habrían recibido

3 Les temps du mode subjonctif

a) *Le subjonctif présent*

À l'exception de quelques verbes irréguliers (estar, ser, ir, dar), le radical pour le présent du subjonctif s'obtient en supprimant le o de la terminaison à la première personne du singulier du présent. Le subjonctif se forme alors en ajoutant les terminaisons suivantes à ce radical :

1ère conjugaison :	-e, -es, -e, -emos, -éis, -en	
2ème & 3ème conjugaisons :	-a, -as, -a, -amos, -áis, -an	
cant-o	beb-o	recib-o
cante	beba	reciba
cantes	bebas	recibas
cante	beba	reciba
cantemos	bebamos	recibamos
cantéis	bebáis	recibáis
canten	beban	reciban

Pour les verbes dont le radical change, voir pages 115-23.

- *Les verbes en -iar et -uar (voir page 100)*

Ces verbes suivent le même modèle au subjonctif qu'à l'indicatif en ce qui concerne l'accentuation, c'est-à-dire que le i et le u du radical prennent un accent à toutes les personnes, sauf à la première et à la deuxième personne du pluriel :

LES VERBES

enviar	envíe, envíes, envíe, enviemos, enviéis, envíen
continuar	continúe, continúes, continúe, continuemos, continuéis, continúen

- *Les radicaux irréguliers*

    Le radical du subjonctif étant obtenu à partir de la première personne du singulier du présent de l'indicatif, toute irrégularité apparaissant à cette personne apparaîtra à toutes les personnes du présent du subjonctif.

    Par exemple :

infinitif	1ère pers. présent	subjonctif
decir	digo	diga, digas, diga, digamos, digáis, digan
coger	cojo	coja, cojas, coja, cojamos, cojáis, cojan
parecer	parezco	parezca, parezcas, parezca, parezcamos, parezcáis, parezcan
poner	pongo	ponga, pongas, ponga, pongamos, pongáis, pongan
vencer	venzo	venza, venzas, venza, venzamos, venzáis, venzan

- *Modifications orthographiques*

    Pour les verbes de la première conjugaison dont le radical se termine par c ou g, le c devient qu et le g devient gu à toutes les personnes du présent du subjonctif :

buscar	busque, busques, busque, busquemos, busquéis, busquen
llegar	llegue, llegues, llegue, lleguemos, lleguéis, lleguen

    Les verbes de la première conjugaison se terminant par -guar prennent un tréma sur le u à toutes les personnes du présent du subjonctif :

averiguar	averigüe, averigües, averigüe, averigüemos, averigüéis, averigüen

b) *L'imparfait du subjonctif*

Le radical pour l'imparfait du subjonctif s'obtient en supprimant la terminaison -ron à la troisième personne du pluriel du passé simple. L'imparfait du subjonctif présente deux formes possibles, construites en ajoutant les terminaisons suivantes à ce radical :

1ère conjugaison :	-ara, -aras, -ara, -áramos, -arais, -aran
	ou
	-ase, -ases, -ase, -ásemos, -aseis, -asen
2ème & 3ème conjugaisons :	-iera, -ieras, -iera, -iéramos, -ierais, -ieran
	ou
	-iese, -ieses, -iese, -iésemos, -ieseis, -iesen

cantara/cantase	bebiera/bebiese	recibiera/recibiese
cantaras/cantases	bebieras/bebieses	recibieras/recibieses
cantara/cantase	bebiera/bebiese	recibiera/recibiese
cantáramos/cantásemos	bebiéramos/bebiésemos	recibiéramos/recibiésemos
cantarais/cantaseis	bebierais/bebieseis	recibierais/recibieseis
cantaran/cantasen	bebieran/bebiesen	recibieran/recibiesen

La première de ces deux formes est la plus courante à l'oral.

Les verbes qui sont irréguliers au passé simple présentent la même irrégularité à l'imparfait du subjonctif. Par exemple :

infinitif	*passé simple*	*imparfait du subjonctif*
decir	dijeron	dijera/dijese
tener	tuvieron	tuviera/tuviese
venir	vinieron	viniera/vinies

Les verbes composés à partir de ces verbes présentent les mêmes irrégularités :

convenir	conviniera/conviniese
obtener	obtuviera/obtuviese

c) *Le passé composé du subjonctif*

Le passé composé du subjonctif se forme à l'aide du subjonctif présent de haber et du participe passé du verbe principal :

LES VERBES

haya cantado	haya bebido	haya recibido
hayas cantado	hayas bebido	hayas recibido
haya cantado	haya bebido	haya recibido
hayamos cantado	hayamos bebido	hayamos recibido
hayáis cantado	hayáis bebido	hayáis recibido
hayan cantado	hayan bebido	hayan recibido

d) *Le plus-que-parfait du subjonctif*

Le plus-que-parfait du subjonctif se construit à l'aide de l'imparfait du subjonctif de haber et du participe passé du verbe principal. Il y a deux formes possibles puisque l'imparfait du subjonctif présente lui-même deux formes :

hubiera cantado	hubiera bebido	hubiera recibido
hubieras cantado	hubieras bebido	hubieras recibido
hubiera cantado	hubiera bebido	hubiera recibido
hubiéramos cantado	hubiéramos bebido	hubiéramos recibido
hubierais cantado	hubierais bebido	hubierais recibido
hubieran cantado	hubieran bebido	hubieran recibido
hubiese cantado	hubiese bebido	hubiese recibido
hubieses cantado	hubieses bebido	hubieses recibido
hubiese cantado	hubiese bebido	hubiese recibido
hubiésemos cantado	hubiésemos bebido	hubiésemos recibido
hubieseis cantado	hubieseis bebido	hubieseis recibido
hubiesen cantado	hubiesen bebido	hubiesen recibido

4 L'impératif

L'impératif proprement dit n'existe que pour les formes du verbe correspondant aux pronoms tú et vosotros et n'est utilisé que pour donner des ordres positifs. Il est formé de la façon suivante :

tú pour les trois conjugaisons, supprimez le **-s** de la terminaison à la deuxième personne du singulier du présent de l'indicatif.

vosotros pour les trois conjugaisons, supprimez le **-r** de l'infinitif et remplacez-le par **-d**.

hablar	habla	hablad
comer	come	comed
escribir	escribe	escribid

Remarquez que, la forme correspondant à tú étant formée à partir de la deuxième personne du singulier du verbe, toute modification du radical sera aussi présente à la forme du singulier de l'impératif, mais pas à celle du pluriel :

cerrar	cierra	cerrad
torcer	tuerce	torced
pedir	pide	pedid

Il existe un certain nombre de verbes irréguliers à la forme de l'impératif correspondant au pronom tú :

decir	di	decid
hacer	haz	haced
ir	ve	id
poner	pon	poned
salir	sal	salid
ser	sé	sed
tener	ten	tened
valer	val	valed
venir	ven	venid

Les ordres adressés aux autres personnes (Vd., Vds.), les ordres à la troisième personne et à la première personne du pluriel, ainsi que tous les ordres négatifs, sont donnés au **subjonctif**. Voir pages 111 et 157.

5 Les verbes dont le radical change

Le radical de certains verbes subit des modifications orthographiques lorsqu'il est accentué. Les terminaisons ne changent pas, à moins que le verbe soit lui-même irrégulier.

a) *Le e devient ie (première et deuxième conjugaisons uniquement)*

Les verbes les plus courants parmi ceux-ci sont les suivants :

acertar	*deviner juste*
alentar	*encourager*
apretar	*serrer, appuyer sur*
ascender	*monter, s'élever*
atender	*s'occuper de*
aterrar	*terrifier*
atravesar	*traverser*
calentar	*chauffer, faire chauffer*

LES VERBES

cerrar	*fermer*
comenzar	*commencer*
concertar	*s'entendre sur, convenir*
condescender	*condescendre*
confesar	*confesser, avouer*
defender	*défendre*
desalentar	*décourager*
desatender	*ne pas prêter attention à, négliger*
descender	*descendre*
desconcertar	*déconcerter*
despertar	*réveiller*
desplegar	*déplier, déployer*
empezar	*commencer*
encender	*allumer*
encerrar	*enfermer, contenir, renfermer*
encomendar	*recommander, charger, confier*
entender	*comprendre*
enterrar	*enterrer, ensevelir*
extender	*étendre*
fregar	*frotter, récurer*
gobernar	*gouverner*
helar	*geler, glacer*
manifestar	*manifester, montrer, témoigner*
merendar	*goûter, prendre son goûter*
negar	*nier, démentir*
nevar	*neiger*
pensar	*penser*
perder	*perdre, manquer*
quebrar	*casser, briser, rompre*
recomendar	*recommander*
regar	*irriguer*
reventar	*crever, éclater*
sembrar	*semer*
sentarse	*s'asseoir*
sosegar	*calmer, apaiser*
temblar	*trembler*
tender	*tendre, étendre*
tener*	*avoir*
tentar	*tenter, tâter*
tropezar	*trébucher, buter*
verter	*verser, renverser*

La modification a lieu au présent de l'indicatif et du subjonctif seulement, là où le **e** est accentué, c'est-à-dire aux trois personnes du singulier et à la troisième personne du pluriel :

LES VERBES

présent de l'indicatif	présent du subjonctif
atravieso	atraviese
atraviesas	atravieses
atraviesa	atraviese
atravesamos	atravesemos
atravesáis	atraveséis
atraviesan	atraviesen

Notez que si le e est la première lettre du verbe, il devient ye et non pas ie :

errar *(errer)* yerro, yerras, yerra, erramos, erráis, yerran

*Tener est irrégulier à la première personne du singulier : tengo

Le subjonctif de tener est formé à partir de cette première personne du singulier, tengo :

tenga, tengas, tenga, tengamos, tengáis, tengan

b) *Le -o ou le -u deviennent -ue (première et deuxième conjugaisons uniquement)*

Les verbes les plus courants de ce groupe sont les suivants :

absolver	*absoudre*
acordarse	*se souvenir*
acostarse	*se coucher, aller au lit*
almorzar	*déjeuner*
apostar	*parier*
aprobar	*approuver*
avergonzarse	*avoir honte*
cocer	*cuire*
colarse	*se glisser*
colgar	*pendre, suspendre*
comprobar	*vérifier, contrôler*
concordar	*concorder*
conmover	*émouvoir, toucher*
consolar	*consoler*
contar	*compter, raconter*
costar	*coûter*
demostrar	*démontrer*
desaprobar	*désapprouver*
descolgar	*décrocher, enlever*
descontar	*déduire*
desenvolverse	*se débrouiller*
despoblar	*dépeupler*

LES VERBES

devolver	rendre, restituer
disolver	dissoudre
doler	faire mal
encontrar	rencontrer, trouver
envolver	envelopper
esforzarse	s'efforcer
forzar	forcer
holgar	ne rien faire
jugar	jouer
llover	pleuvoir
moler	moudre
morder	mordre
mostrar	montrer
mover	remuer, mouvoir
oler*	sentir, flairer
probar	essayer, goûter
promover	promouvoir
recordar	se souvenir
renovar	renouveler
resollar	respirer bruyamment
resolver	résoudre
resonar	résonner
rodar	roder
rogar	prier (quelqu'un de faire quelque chose)
soldar	souder
soler	avoir l'habitude de
soltar	lâcher
sonar	sonner, tinter
soñar	rêver
torcer	tordre, tourner
tostar	griller
trocar	troquer, échanger
tronar	tonner
volar	voler (dans l'air)
volcar	renverser
volver	revenir, retourner

Le changement s'opère sur le même modèle que le groupe a) mentionné ci-dessus :

LES VERBES

présent de l'indicatif	présent du subjonctif
vuelvo	vuelva
vuelves	vuelvas
vuelve	vuelva
volvemos	volvamos
volvéis	volváis
vuelven	vuelvan

*Oler : on ajoute h à toutes les formes lorsque la modification a lieu : huele, etc.

c) *Le e se change en ie et en i (troisième conjugaison uniquement)*

Les verbes les plus courants appartiennent à ce groupe sont les suivants :

adherir	adhérer (à un parti, etc.)
adquirir*	acquérir
advertir	remarquer, prévenir
arrepentirse	se repentir
asentir	acquiescer
conferir	conférer, attribuer
consentir	consentir
convertir	changer, transformer
digerir	digérer
discernir	discerner
divertir	divertir, amuser
erguir**	lever, dresser, redresser
herir	blesser
hervir	bouillir
inferir	déduire
inquirir*	s'enquérir de
invertir	investir
mentir	mentir
pervertir	pervertir
preferir	préférer
presentir	pressentir
proferir	proférer, prononcer
referirse	se référer
requerir	requérir, avoir besoin de
resentirse	en vouloir (à quelqu'un)
sentir	sentir
subvertir	corrompre
sugerir	suggérer
transferir	transférer
venir***	venir

LES VERBES

Au présent de l'indicatif, au présent du subjonctif et à la forme du singulier de l'impératif, le e, lorsqu'il est accentué, devient ie.

Lorsqu'il n'est pas accentué, le e devient i dans les cas suivants :

- à la première et à la deuxième personne du pluriel du subjonctif présent
- au participe présent
- aux troisièmes personnes du singulier et du pluriel du passé simple
- à toutes les personnes de l'imparfait du subjonctif

présent	*passé simple*
siento	sentí
sientes	sentiste
siente	sintió
sentimos	sentimos
sentís	sentisteis
sienten	sintieron
présent du subjonctif	*imparfait du subjonctif*
sienta	sintiera/sintiese
sientas	sintieras/sintieses
sienta	sintiera/sintiese
sintamos	sintiéramos/sintiésemos
sintáis	sintierais/sintieseis
sientan	sintieran/sintiesen
impératif	*participe présent*
siente	sintiendo

*Dans le cas de adquirir et de inquirir, c'est le i du radical qui devient ie.

**Lorsqu'il est accentué, le e de erguir devient ye et non pas ie :

yergo, yergues, yergue, erguimos, erguís, yerguen

***Venir a une première personne du singulier irrégulière : vengo

Le subjonctif de venir est construit à partir de cette première personne du singulier irrégulière :

venga, vengas, venga, vengamos, vengáis, vengan

LES VERBES

d) *Le e se change en i (troisième conjugaison uniquement)*

Les verbes les plus courants appartiennent à ce groupe sont les suivants :

colegir	*réunir, rassembler*
competir	*concourir, être en concurrence*
concebir	*concevoir*
conseguir	*arriver à, réussir à*
corregir	*corriger*
derretirse	*fondre*
despedir	*renvoyer*
elegir	*élire*
expedir	*expédier*
gemir	*gémir*
impedir	*empêcher*
medir	*mesurer*
pedir	*demander*
perseguir	*persécuter*
proseguir	*poursuivre, continuer*
regir	*régir*
rendir	*produire*
repetir	*répéter*
seguir	*suivre*
servir	*servir*
vestir	*habiller*

Lorsqu'il est accentué, le e se change en i au présent de l'indicatif, au présent du subjonctif, et à la forme du singulier de l'impératif.

Le e non accentué se change aussi en i lorsque l'accent est sur la terminaison (sauf sur un i) :

- à la première et à la deuxième personne du pluriel du subjonctif présent
- au participe présent
- aux troisièmes personnes du singulier et du pluriel du passé simple
- à toutes les personnes de l'imparfait du subjonctif

LES VERBES

présent	passé simple
pido	pedí
pides	pediste
pide	pidió
pedimos	pedimos
pedís	pedisteis
piden	pidieron
présent du subjonctif	**imparfait du subjonctif**
pida	pidiera/pidiese
pidas	pidieras/pidieses
pida	pidiera/pidiese
pidamos	pidiéramos/pidiésemos
pidáis	pidierais/pidieseis
pidan	pidieran/pidiesen
impératif	**participe présent**
pide	pidiendo

Les verbes de ce groupe qui se terminent en **-eír** et **-eñir** subissent une modification supplémentaire : si la terminaison commence par un **i** non accentué, ce **i** tombe s'il suit immédiatement le **ñ** ou le **l** du radical. Ceci ne se produit qu'au participe présent, aux troisièmes personnes du singulier et du pluriel du passé simple et à l'imparfait du subjonctif.

Les verbes les plus courants appartenant à ce groupe sont les suivants :

ceñir	*serrer (vêtement)*
desteñir	*déteindre*
freír	*frire*
reír	*rire*
reñir	*réprimander*
sonreír	*sourire*
teñir	*teindre*

reír	ceñir
riendo	ciñendo
rio	ciñó
rieron	ciñeron

e) *Le o se change en ue et en u (troisième conjugaison uniquement)*

Les modifications se produisent sur le même modèle que dans le groupe c) ci-dessus, c'est-à-dire :

Lorsqu'il est accentué, le o se change en ue au présent de l'indicatif, au présent du subjonctif et à la forme du singulier de l'impératif.

Lorsqu'il n'est pas accentué, le o se change en u dans les cas suivants :

– à la première et à la deuxième personne du pluriel du subjonctif présent
– au participe présent
– aux troisièmes personnes du singulier et du pluriel du passé simple
– à toutes les personnes de l'imparfait du subjonctif

Les verbes les plus courants appartenant à ce groupe sont :

dormir	*dormir*
morir	*mourir*

présent	*passé simple*
duermo	dormí
duermes	dormiste
duerme	durmió
dormimos	dormimos
dormís	dormisteis
duermen	durmieron
présent du subjonctif	*imparfait du subjonctif*
duerma	durmiera/durmiese
duermas	durmieras/durmieses
duerma	durmiera/durmiese
durmamos	durmiéramos/durmiésemos
durmáis	durmierais/durmieseis
duerman	durmieran/durmiesen
impératif	*participe présent*
duerme	durmiendo

LES VERBES

6 Les tableaux de conjugaison

Les verbes suivants fournissent les principaux modèles de conjugaison, y compris la conjugaison des verbes irréguliers les plus courants :

Verbes en -ar		hablar
Verbes en -er		comer
Verbes en -ir		vivir
Verbes réfléchis	(voir pages 162-4)	bañarse
Auxiliaires	(voir pages 172-7)	ser
	(voir pages 172-7)	estar
	(voir page 170)	haber
Verbes irréguliers très courants		dar
		ir
		tener
		venir

Dans les tableaux de conjugaison, les chiffres 1, 2, 3 indiquent les première, deuxième et troisième personnes des verbes au singulier et au pluriel. On trouvera d'abord les personnes du singulier suivies des personnes du pluriel.

Les irrégularités et les modifications orthographiques sont indiquées en bleu.

LES VERBES

HABLAR *parler*

	PRÉSENT	IMPARFAIT	FUTUR
1	hablo	hablaba	hablaré
2	hablas	hablabas	hablarás
3	habla	hablaba	hablará
1	hablamos	hablábamos	hablaremos
2	habláis	hablabais	hablaréis
3	hablan	hablaban	hablarán

	PASSÉ SIMPLE	PASSÉ COMPOSÉ	PLUS-QUE-PARFAIT
1	hablé	he hablado	había hablado
2	hablaste	has hablado	habías hablado
3	habló	ha hablado	había hablado
1	hablamos	hemos hablado	habíamos hablado
2	hablasteis	habéis hablado	habíais hablado
3	hablaron	han hablado	habían hablado

PASSÉ ANTÉRIEUR
hube hablado, etc

FUTUR ANTÉRIEUR
habré hablado, etc.

CONDITIONNEL

	PRÉSENT	PASSÉ
1	hablaría	habría hablado
2	hablarías	habrías hablado
3	hablaría	habría hablado
1	hablaríamos	habríamos hablado
2	hablaríais	habríais hablado
3	hablarían	habrían hablado

IMPÉRATIF

(tú) habla
(Vd) hable
(nosotros) hablemos
(vosotros) hablad
(Vds) hablen

SUBJONCTIF

	PRÉSENT	IMPARFAIT	PLUS-QUE-PARFAIT
1	hable	habl-ara/ase	hubiera hablado
2	hables	habl-aras/ases	hubieras hablado
3	hable	habl-ara/ase	hubiera hablado
1	hablemos	habl-áramos/ásemos	hubiéramos hablado
2	habléis	habl-arais/aseis	hubierais hablado
3	hablen	habl-aran/asen	hubieran hablado

PASSÉ COMPOSÉ
haya hablado, etc.

INFINITIF	*PARTICIPE*
PRÉSENT	**PRÉSENT**
hablar	hablando
PASSÉ	**PASSÉ**
haber hablado	hablado

LES VERBES

COMER *manger*

	PRÉSENT	IMPARFAIT	FUTUR
1	como	comía	comeré
2	comes	comías	comerás
3	come	comía	comerá
1	comemos	comíamos	comeremos
2	coméis	comíais	comeréis
3	comen	comían	comerán

	PASSÉ SIMPLE	PASSÉ COMPOSÉ	PLUS-QUE-PARFAIT
1	comí	he comido	había comido
2	comiste	has comido	habías comido
3	comió	ha comido	había comido
1	comimos	hemos comido	habíamos comido
2	comisteis	habéis comido	habíais comido
3	comieron	han comido	habían comido

PASSÉ ANTÉRIEUR
hube comido, etc

FUTUR ANTÉRIEUR
habré comido, etc

CONDITIONNEL

	PRÉSENT	PASSÉ	IMPÉRATIF
1	comería	habría comido	
2	comerías	habrías comido	(tú) come
3	comería	habría comido	(Vd) coma
1	comeríamos	habríamos comido	(nosotros) comamos
2	comeríais	habríais comido	(vosotros) comed
3	comerían	habrían comido	(Vds) coman

SUBJONCTIF

	PRÉSENT	IMPARFAIT	PLUS-QUE-PARFAIT
1	coma	com-iera/iese	hubiera comido
2	comas	com-ieras/ieses	hubieras comido
3	coma	com-iera/iese	hubiera comido
1	comamos	com-iéramos/iésemos	hubiéramos comido
2	comáis	com-ierais/ieseis	hubierais comido
3	coman	com-ieran/iesen	hubieran comido

PASSÉ COMPOSÉ
haya comido, etc.

INFINITIF	PARTICIPE
PRÉSENT	PRÉSENT
comer	comiendo
PASSÉ	PASSÉ
haber comido	comido

LES VERBES

VIVIR *vivre*

	PRÉSENT	IMPARFAIT	FUTUR
1	vivo	vivía	viviré
2	vives	vivías	vivirás
3	vive	vivía	vivirá
1	vivimos	vivíamos	viviremos
2	vivís	vivíais	viviréis
3	viven	vivían	vivirán

	PASSÉ SIMPLE	PASSÉ COMPOSÉ	PLUS-QUE-PARFAIT
1	viví	he vivido	había vivido
2	viviste	has vivido	habías vivido
3	vivío	ha vivido	había vivido
1	vivimos	hemos vivido	habíamos vivido
2	vivisteis	habéis vivido	habíais vivido
3	vivieron	han vivido	habían vivido

PASSÉ ANTÉRIEUR
hube vivido, etc.

FUTUR ANTÉRIEUR
habré vivido, etc.

CONDITIONNEL

	PRÉSENT	PASSÉ
1	viviría	habría vivido
2	vivirías	habrías vivido
3	viviría	habría vivido
1	viviríamos	habríamos vivido
2	viviríais	habríais vivido
3	vivirían	habrían vivido

IMPÉRATIF

(tú) vive
(Vd) viva
(nosotros) vivamos
(vosotros) vivid
(Vds) vivan

SUBJONCTIF

	PRÉSENT	IMPARFAIT	PLUS-QUE-PARFAIT
1	viva	viv-iera/iese	hubiera vivido
2	vivas	viv-ieras/ieses	hubieras vivido
3	viva	viv-iera/iese	hubiera vivido
1	vivamos	viv-iéramos/iésemos	hubiéramos vivido
2	viváis	viv-ierais/ieseis	hubierais vivido
3	vivan	viv-ieran/iesen	hubieran vivido

PASSÉ COMPOSÉ
haya vivido, etc.

INFINITIF	*PARTICIPE*
PRÉSENT	**PRÉSENT**
vivir	viviendo
PASSÉ	**PASSÉ**
haber vivido	vivido

LES VERBES

BAÑARSE *prendre un bain, se baigner*

	PRÉSENT	IMPARFAIT	FUTUR
1	me baño	me bañaba	me bañaré
2	te bañas	te bañabas	te bañarás
3	se baña	se bañaba	se bañará
1	nos bañamos	nos bañábamos	nos bañaremos
2	os bañáis	os bañabais	os bañaréis
3	se bañan	se bañaban	se bañarán

	PASSÉ SIMPLE	PASSÉ COMPOSÉ	PLUS-QUE-PARFAIT
1	me bañé	me he bañado	me había bañado
2	te bañaste	te has bañado	te habías bañado
3	se bañó	se ha bañado	se había bañado
1	nos bañamos	nos hemos bañado	nos habíamos bañado
2	os bañasteis	os habéis bañado	os habíais bañado
3	se bañaron	se han bañado	se habían bañado

PASSÉ ANTÉRIEUR
me hube bañado, etc.

FUTUR ANTÉRIEUR
me habré bañado, etc.

CONDITIONNEL

	PRÉSENT	PASSÉ
1	me bañaría	me habría bañado
2	te bañarías	te habrías bañado
3	se bañaría	se habría bañado
1	nos bañaríamos	nos habríamos bañado
2	os bañaríais	os habríais bañado
3	se bañarían	se habrían bañado

IMPÉRATIF

(tú) báñate
(Vd) báñese
(nosotros) bañémonos
(vosotros) bañaos
(Vds) báñense

SUBJONCTIF

	PRÉSENT	IMPARFAIT	PLUS-QUE-PARFAIT
1	me bañe	me bañ-ara/ase	me hubiera bañado
2	te bañes	te bañ-aras/ases	te hubieras bañado
3	se bañe	se bañ-ara/ase	se hubiera bañado
1	nos bañemos	nos bañ-áramos/ásemos	nos hubiéramos bañado
2	os bañéis	os bañ-arais/aseis	os hubierais bañado
3	se bañen	se bañ-aran/asen	se hubieran bañado

PASSÉ COMPOSÉ
me haya bañado, etc.

INFINITIF	PARTICIPE
PRÉSENT	PRÉSENT
bañarse	bañándose
PASSÉ	PASSÉ
haberse bañado	bañado

LES VERBES

SER *être*

	PRÉSENT	IMPARFAIT	FUTUR
1	soy	era	seré
2	eres	eras	serás
3	es	era	será
1	somos	éramos	seremos
2	sois	erais	seréis
3	son	eran	serán

	PASSÉ SIMPLE	PASSÉ COMPOSÉ	PLUS-QUE-PARFAIT
1	fui	he sido	había sido
2	fuiste	has sido	habías sido
3	fue	ha sido	había sido
1	fuimos	hemos sido	habíamos sido
2	fuisteis	habéis sido	habíais sido
3	fueron	han sido	habían sido

PASSÉ ANTÉRIEUR
hube sido, etc.

FUTUR ANTÉRIEUR
habré sido, etc.

CONDITIONNEL

	PRÉSENT	PASSÉ	*IMPÉRATIF*
1	sería	habría sido	
2	serías	habrías sido	(tú) sé
3	sería	habría sido	(Vd) sea
1	seríamos	habríamos sido	(nosotros) seamos
2	seríais	habríais sido	(vosotros) sed
3	serían	habrían sido	(Vds) sean

SUBJONCTIF

	PRÉSENT	IMPARFAIT	PLUS-QUE-PARFAIT
1	sea	fu-era/ese	hubiera sido
2	seas	fu-eras/eses	hubieras sido
3	sea	fu-era/ese	hubiera sido
1	seamos	fu-éramos/ésemos	hubiéramos sido
2	seáis	fu-erais/eseis	hubierais sido
3	sean	fu-eran/esen	hubieran sido

PASSÉ COMPOSÉ
haya sido, etc.

INFINITIF	*PARTICIPE*
PRÉSENT	**PRÉSENT**
ser	siendo
PASSÉ	**PASSÉ**
haber sido	sido

LES VERBES

ESTAR *être*

	PRÉSENT	IMPARFAIT	FUTUR
1	estoy	estaba	estaré
2	estás	estabas	estarás
3	está	estaba	estará
1	estamos	estábamos	estaremos
2	estáis	estabais	estaréis
3	están	estaban	estarán

	PASSÉ SIMPLE	PASSÉ COMPOSÉ	PLUS-QUE-PARFAIT
1	estuve	he estado	había estado
2	estuviste	has estado	habías estado
3	estuvo	ha estado	había estado
1	estuvimos	hemos estado	habíamos estado
2	estuvisteis	habéis estado	habíais estado
3	estuvieron	han estado	habían estado

PASSÉ ANTÉRIEUR	FUTUR ANTÉRIEUR
hube estado, etc.	habré estado, etc.

CONDITIONNEL

	PRÉSENT	PASSÉ	*IMPÉRATIF*
1	estaría	habría estado	
2	estarías	habrías estado	(tú) está
3	estaría	habría estado	(Vd) esté
1	estaríamos	habríamos estado	(nosotros) estemos
2	estaríais	habríais estado	(vosotros) estad
3	estarían	habrían estado	(Vds) estén

SUBJONCTIF

	PRÉSENT	IMPARFAIT	PLUS-QUE-PARFAIT
1	esté	estuv-iera/iese	hubiera estado
2	estés	estuv-ieras/ieses	hubieras estado
3	esté	estuv-iera/iese	hubiera estado
1	estemos	estuv-iéramos/iésemos	hubiéramos estado
2	estéis	estuv-ierais/ieseis	hubierais estado
3	estén	estuv-ieran/iesen	hubieran estado

PASSÉ COMPOSÉ
haya estado, etc.

INFINITIF	*PARTICIPE*
PRÉSENT	PRÉSENT
estar	estando
PASSÉ	PASSÉ
haber estado	estado

LES VERBES

HABER *avoir (auxiliaire)*

	PRÉSENT	IMPARFAIT	FUTUR
1	he	había	habré
2	has	habías	habrás
3	ha/hay*	había	habrá
1	hemos	habíamos	habremos
2	habéis	habíais	habréis
3	han	habían	habrán

	PASSÉ SIMPLE	PASSÉ COMPOSÉ	PLUS-QUE-PARFAIT
1	hube		
2	hubiste		
3	hubo	ha habido	había habido
1	hubimos		
2	hubisteis		
3	hubieron		

PASSÉ ANTÉRIEUR
hubo habido, etc.

FUTUR ANTÉRIEUR
habrá habido, etc

CONDITIONNEL
	PRÉSENT	PASSÉ
1	habría	
2	habrías	
3	habría	habría habido
1	habríamos	
2	habríais	
3	habrían	

IMPÉRATIF

SUBJONCTIF
	PRÉSENT	IMPARFAIT	PLUS-QUE-PARFAIT
1	haya	hub-iera/iese	
2	hayas	hub-ieras/ieses	
3	haya	hub-iera/iese	hubiera habido
1	hayamos	hub-iéramos/iésemos	
2	hayáis	hub-ierais/ieseis	
3	hayan	hub-ieran/iesen	

PASSÉ COMPOSÉ
haya habido, etc.

INFINITIF	*PARTICIPE*	
PRÉSENT	**PRÉSENT**	
haber	habiendo	
PASSÉ	**PASSÉ**	
haber habido	habido	

N.B. : ce verbe est un auxiliaire utilisé pour former les temps composés. Par exemple, **he bebido** (= *j'ai bu*). Voir aussi TENER.
*hay = *il y a*

LES VERBES

DAR *donner*

	PRÉSENT	IMPARFAIT	FUTUR
1	doy	daba	daré
2	das	dabas	darás
3	da	daba	dará
1	damos	dábamos	daremos
2	dais	dabais	daréis
3	dan	daban	darán

	PASSÉ SIMPLE	PASSÉ COMPOSÉ	PLUS-QUE-PARFAIT
1	di	he dado	había dado
2	diste	has dado	habías dado
3	dio	ha dado	había dado
1	dimos	hemos dado	habíamos dado
2	disteis	habéis dado	habíais dado
3	dieron	han dado	habían dado

PASSÉ ANTÉRIEUR
hube dado, etc.

FUTUR ANTÉRIEUR
habré dado, etc.

CONDITIONNEL

	PRÉSENT	PASSÉ
1	daría	habría dado
2	darías	habrías dado
3	daría	habría dado
1	daríamos	habríamos dado
2	daríais	habríais dado
3	darían	habrían dado

IMPÉRATIF

(tú) da
(Vd) dé
(nosotros) demos
(vosotros) dad
(Vds) den

SUBJONCTIF

	PRÉSENT	IMPARFAIT	PLUS-QUE-PARFAIT
1	dé	di-era/ese	hubiera dado
2	des	di-eras/eses	hubieras dado
3	dé	di-era/ese	hubiera dado
1	demos	di-éramos/ésemos	hubiéramos dado
2	deis	di-erais/eseis	hubierais dado
3	den	di-eran/esen	hubieran dado

PASSÉ COMPOSÉ
haya dado, etc.

INFINITIF	PARTICIPE
PRÉSENT	PRÉSENT
dar	dando
PASSÉ	PASSÉ
haber dado	dado

LES VERBES

IR *aller*

	PRÉSENT	IMPARFAIT	FUTUR
1	voy	iba	iré
2	vas	ibas	irás
3	va	iba	irá
1	vamos	íbamos	iremos
2	vais	ibais	iréis
3	van	iban	irán

	PASSÉ SIMPLE	PASSÉ COMPOSÉ	PLUS-QUE-PARFAIT
1	fui	he ido	había ido
2	fuiste	has ido	habías ido
3	fue	ha ido	había ido
1	fuimos	hemos ido	habíamos ido
2	fuisteis	habéis ido	habíais ido
3	fueron	han ido	habían ido

PASSÉ ANTÉRIEUR
hube ido, etc.

FUTUR ANTÉRIEUR
habré ido, etc.

CONDITIONNEL

	PRÉSENT	PASSÉ
1	iría	habría ido
2	irías	habrías ido
3	iría	habría ido
1	iríamos	habríamos ido
2	iríais	habríais ido
3	irían	habrían ido

IMPÉRATIF

(tú) ve
(Vd) vaya
(nosotros) vamos
(vosotros) id
(Vds) vayan

SUBJONCTIF

	PRÉSENT	IMPARFAIT	PLUS-QUE-PARFAIT
1	vaya	fu-era/ese	hubiera ido
2	vayas	fu-eras/eses	hubieras ido
3	vaya	fu-era/ese	hubiera ido
1	vayamos	fu-éramos/ésemos	hubiéramos ido
2	vayáis	fu-erais/eseis	hubierais ido
3	vayan	fu-eran/esen	hubieran ido

PASSÉ COMPOSÉ
haya ido, etc.

INFINITIF	*PARTICIPE*
PRÉSENT	**PRÉSENT**
ir	yendo
PASSÉ	**PASSÉ**
haber ido	ido

LES VERBES

TENER *avoir*

	PRÉSENT	IMPARFAIT	FUTUR
1	tengo	tenía	tendré
2	tienes	tenías	tendrás
3	tiene	tenía	tendrá
1	tenemos	teníamos	tendremos
2	tenéis	teníais	tendréis
3	tienen	tenían	tendrán

	PASSÉ SIMPLE	PASSÉ COMPOSÉ	PLUS-QUE-PARFAIT
1	tuve	he tenido	había tenido
2	tuviste	has tenido	habías tenido
3	tuvo	ha tenido	había tenido
1	tuvimos	hemos tenido	habíamos tenido
2	tuvisteis	habéis tenido	habíais tenido
3	tuvieron	han tenido	habían tenido

PASSÉ ANTÉRIEUR
hube tenido, etc.

FUTUR ANTÉRIEUR
habré tenido, etc.

CONDITIONNEL

	PRÉSENT	PASSÉ
1	tendría	habría tenido
2	tendrías	habrías tenido
3	tendría	habría tenido
1	tendríamos	habríamos tenido
2	tendríais	habríais tenido
3	tendrían	habrían tenido

IMPÉRATIF

(tú) ten
(Vd) tenga
(nosotros) tengamos
(vosotros) tened
(Vds) tengan

SUBJONCTIF

	PRÉSENT	IMPARFAIT	PLUS-QUE-PARFAIT
1	tenga	tuv-iera/iese	hubiera tenido
2	tengas	tuv-ieras/ieses	hubieras tenido
3	tenga	tuv-iera/iese	hubiera tenido
1	tengamos	tuv-iéramos/iésemos	hubiéramos tenido
2	tengáis	tuv-ierais/ieseis	hubierais tenido
3	tengan	tuv-ieran/iesen	hubieran tenido

PASSÉ COMPOSÉ
haya tenido, etc.

INFINITIF	*PARTICIPE*
PRÉSENT	**PRÉSENT**
tener	teniendo
PASSÉ	**PASSÉ**
haber tenido	tenido

LES VERBES

VENIR *venir*

	PRÉSENT	IMPARFAIT	FUTUR
1	vengo	venía	vendré
2	vienes	venías	vendrás
3	viene	venía	vendrá
1	venimos	veníamos	vendremos
2	venís	veníais	vendréis
3	vienen	venían	vendrán

	PASSÉ SIMPLE	PASSÉ COMPOSÉ	PLUS-QUE-PARFAIT
1	vine	he venido	había venido
2	viniste	has venido	habías venido
3	vino	ha venido	había venido
1	vinimos	hemos venido	habíamos venido
2	vinisteis	habéis venido	habíais venido
3	vinieron	han venido	habían venido

PASSÉ ANTÉRIEUR
hube venido, etc.

FUTUR ANTÉRIEUR
habré venido, etc.

CONDITIONNEL

	PRÉSENT	PASSÉ
1	vendría	habría venido
2	vendrías	habrías venido
3	vendría	habría venido
1	vendríamos	habríamos venido
2	vendríais	habríais venido
3	vendrían	habrían venido

IMPÉRATIF

(tú) ven
(Vd) venga
(nosotros) vengamos
(vosotros) venid
(Vds) vengan

SUBJONCTIF

	PRÉSENT	IMPARFAIT	PLUS-QUE-PARFAIT
1	venga	vin-iera/iese	hubiera venido
2	vengas	vin-ieras/ieses	hubieras venido
3	venga	vin-iera/iese	hubiera venido
1	vengamos	vin-iéramos/iésemos	hubiéramos venido
2	vengáis	vin-ierais/ieseis	hubierais venido
3	vengan	vin-ieran/iesen	hubieran venido

PASSÉ COMPOSÉ
haya venido, etc.

INFINITIF	*PARTICIPE*
PRÉSENT	**PRÉSENT**
venir	viniendo
PASSÉ	**PASSÉ**
haber venido	venido

LES VERBES

 LES VERBES SUIVIS D'UNE PRÉPOSITION

Seuls les verbes qui s'emploient avec des prépositions différentes du français figurent dans les listes ci-dessous.

1 Les verbes qui prennent a devant le complément d'objet

acercarse a	approcher, s'approcher de
aproximarse a	approcher, s'approcher de
arrojarse a	se jeter dans (le vide)
asomarse a	se pencher par (la fenêtre)
caer a	tomber dans
dar a	donner sur
oler a	sentir (avoir une odeur de)
saber a	avoir un goût de
traducir a	traduire en

la ventana de mi cuarto daba a una escuela
la fenêtre de ma chambre donnait sur une école

aquí huele a quemado
ça sent le brûlé ici

2 Les verbes qui prennent de devant le complément d'objet

coger de	prendre par (la main)
colgar de	suspendre à
entender de	s'y connaître en
enterarse de	apprendre (une nouvelle)
olvidarse de	oublier
pasar de	dépasser
saber de	connaître
sospechar de	soupçonner
tirar de	tirer sur

me acabo de enterar de la noticia
je viens d'apprendre la nouvelle

no tires de la cuerda
ne tire pas sur la corde

3 Les verbes qui prennent con devant le complément d'objet

amenazar con	menacer de
conformarse con	se contenter de
consultar con	consulter
contar con	compter sur
contentarse con	se contenter de

dar con	*rencontrer*
encapricharse con	*s'enticher de*
encontrarse con	*rencontrer*
entusiasmarse con	*s'enthousiasmer pour*
hablar con	*parler à*
portarse con	*se conduire envers*
soñar con	*rêver de*

me encontré con Teresa en la calle
j'ai rencontré Teresa dans la rue

cuento contigo
je compte sur toi

4 Les verbes qui prennent en devant le complément d'objet

consentir en	*consentir à*
convenir en	*convenir de*
fijarse en	*regarder, faire attention à*
insistir en	*insister sur*
pensar* en	*penser à*
reparar en	*remarquer*

consintió en ello
elle y a consenti

¡fíjate en aquel edificio!
regarde-moi ce bâtiment !

*Ne confondez pas pensar en et pensar de qui signifie "avoir une opinion sur" :

pensaba en sus vacaciones en España
elle pensait à ses vacances en Espagne

¿qué piensas de esta idea?
qu'est-ce que tu penses de cette idée ?

5 Les verbes qui prennent por devant le complément d'objet

cambiar por	*échanger contre*
interesarse por	*s'intéresser à*
preguntar por	*prendre des nouvelles de, demander*

cambié mi reloj por el suyo
j'ai échangé ma montre contre la sienne

el cura preguntó por mi tía que está enferma
le curé a pris des nouvelles de ma tante qui est malade

LES VERBES

D LES VERBES SUIVIS DE L'INFINITIF

Les verbes suivants correspondent à des verbes français suivis soit d'une préposition, soit directement de l'infinitif ; dans tous les cas, seules les différences entre l'espagnol et le français sont indiquées.

1 Les verbes immédiatement suivis de l'infinitif

a) *Les verbes exprimant un conseil, un ordre, la prévention et la permission*

aconsejar	*conseiller de*
conceder	*consentir à*
impedir	*empêcher de*
mandar	*ordonner de, donner l'ordre de*
ordenar	*ordonner de*
permitir	*permettre de*
prohibir	*défendre de, interdire de*
recomendar	*recommander de*

mis padres no me permiten poner la radio después de medianoche
mes parents ne me permettent pas de mettre la radio après minuit

me mandó salir
il m'a ordonné de partir

b) *Les verbes suivants, lorsque le verbe à l'infinitif est le sujet*

alegrar	me alegra verte de nuevo *je suis heureux de te revoir*
convenir	no me conviene salir mañana *ça ne me convient pas de partir demain*
hacer falta	te hace falta estudiar *tu as besoin de travailler*
olvidarse	se me olvidó ir al banco *j'ai oublié d'aller à la banque*
parecer	¿te parece bien salir ahora? *est-ce que tu penses que c'est une bonne idée de sortir maintenant ?*

LES VERBES

c) *Les verbes suivants, lorsque le sujet est le même que celui du verbe à l'infinitif*

acordar	*se mettre d'accord pour*
concertar	*convenir de*
conseguir	*parvenir à*
decidir	*décider de*
descuidar	*négliger de*
evitar	*éviter de*
fingir	*faire semblant de*
intentar	*essayer de*
lograr	*parvenir à*
ofrecer	*offrir de*
olvidar	*oublier de*
pedir	*demander de*
pretender	*chercher à*
procurar	*essayer de*
prometer	*promettre de*
recordar	*se souvenir de*
resolver	*résoudre de*
sentir	*regretter de*
soler	*avoir l'habitude de*
temer	*craindre de*

nuestro equipo consiguió ganar el partido
notre équipe est parvenue à gagner le match

hemos decidido esperar hasta el lunes
nous avons décidé d'attendre jusqu'à lundi

solemos merendar en el bosque los domingos
nous allons généralement faire un pique-nique dans les bois le dimanche

2 Les verbes suivis de a + infinitif

atreverse a	*oser*
negarse a	*refuser de*
ofrecerse a	*se proposer pour*

no se atreve a llamar a su vecina
il n'ose pas appeler sa voisine

Pepe se ofreció a llevarnos a la estación
Pepe s'est proposé pour nous emmener à la gare

LES VERBES

3 Les verbes suivis de de + infinitif

dar de (comer)	*donner à (manger)*
desistir de	*renoncer à*

finalmente desistieron de ir a Andalucía
finalement ils ont renoncé à aller en Andalousie

4 Les verbes suivis de en + infinitif

complacerse en	*prendre plaisir à*
consentir en	*consentir à*
consistir en	*consister à*
convenir en	*convenir de*
dudar en	*hésiter à*
empeñarse en	*insister pour*
entretenerse en	*s'amuser à*
esforzarse en	*s'efforcer de*
hacer bien en	*faire bien de, avoir raison de*
hacer mal en	*avoir tort de*
insistir en	*insister pour*
obstinarse en	*s'obstiner à*
pensar en	*penser à*
persistir en	*persister à*
quedar en	*convenir de*
soñar en	*songer à*
tardar en	*mettre (du temps) à*
vacilar en	*hésiter à*

la niña se esforzaba en convencerme
la petite fille s'efforçait de me convaincre

haces bien en ayudar a tu madre
tu fais bien d'aider ta mère

los amigos quedaron en verse a las ocho
les amis ont convenu de se voir à huit heures

el tren tardó treinta minutos en llegar
le train a mis trente minutes à arriver

5 Les verbes suivis de con + infinitif

amenazar con	*menacer de*
contentarse con	*se contenter de*
soñar con	*rêver de*

el hombre de negocios soñaba con ir a Río de Janeiro
l'homme d'affaires rêvait d'aller à Rio de Janeiro

6 Les verbes suivis de por + infinitif

Ce sont le plus souvent des verbes exprimant l'idée d' "avoir envie de", "essayer de", etc.

esforzarse por	s'efforcer de
morirse por	mourir d'envie de

la niña se moría por abrir los paquetes
la petite fille mourait d'envie d'ouvrir les paquets

E EMPLOIS

1 Emplois de l'infinitif

a) *Verbe + préposition + infinitif*

Un verbe employé à l'infinitif après un autre verbe peut soit apparaître seul soit être introduit par une préposition. Il existe peu de règles vraiment utiles permettant de déterminer quelle est la préposition que l'on doit employer et, dans la plupart des cas, cela s'apprend par l'observation et la pratique.

Voir la section D précédente.

b) *Adjectif + infinitif*

Il est peut-être bon de noter ici la construction suivante, d'un emploi très fréquent en espagnol :

(complément d'objet indirect) + verbe + adjectif + infinitif

Le complément d'objet indirect peut être un pronom ou un nom. Le verbe peut être ser, parecer, resultar ou un verbe similaire. On peut employer un grand nombre d'adjectifs et n'importe quel verbe peut s'employer à l'infinitif après l'adjectif :

me es difícil creer lo que estás diciendo
il m'est difficile de croire ce que tu dis

nos parece absurdo proponer tal cosa
il nous semble absurde de proposer une chose pareille

Remarquez en particulier qu'**on ne traduit pas la préposition "de"** en espagnol.

On peut employer la même construction avec divers verbes exprimant l'idée de "considérer", "juger", etc., mais dans ce cas, il n'y a pas de complément d'objet indirect :

encuentro difícil aceptar eso
je trouve difficile d'accepter cela

consideramos poco aconsejable continuar así
nous considérons peu souhaitable de continuer ainsi

c) *Adjectif +* de *+ infinitif*

Si l'adjectif ne fait pas partie d'une expression impersonnelle, mais se rapporte à une chose ou des choses identifiables déjà mentionnées dans la phrase, il est suivi de de + infinitif. L'adjectif s'accorde avec la chose que l'on décrit :

estos ejercicios son fáciles de hacer
ces exercices sont faciles à faire

encuentro este libro difícil de leer
je trouve ce livre difficile à lire

Remarquez la traduction de "à" par de dans cette construction.

d) Que *+ infinitif*

Remarquez que, là où on emploie "à" en français après un nom, l'espagnol place que devant l'infinitif :

tengo una factura que pagar
j'ai une facture à payer

nos queda mucho trabajo que hacer
nous avons encore beaucoup de travail à faire

e) *Infinitif ou proposition subordonnée ?*

Lorsque deux verbes sont liés en espagnol, vous devez décider soit de mettre le second verbe à l'infinitif (précédé ou non d'une préposition) soit de l'inclure dans une proposition subordonnée introduite par que.

La règle est la même qu'en français : si le sujet des deux verbes est le même, vous pouvez dans la plupart des cas employer un simple infinitif, mais si les sujets sont différents, vous devez, à quelques rares exceptions près, inclure le deuxième verbe dans une proposition subordonnée (et fréquemment le mettre au subjonctif). Comparez les cas suivants :

- *Lorsque les deux verbes ont le même sujet*

  quiero hacerlo
  je veux le faire

  Je ne suis pas seulement la personne qui "veut", je suis aussi la personne qui veut "le faire". Personne d'autre n'intervient ici.

  entré sin verlo
  je suis entrée sans le voir

  Je suis entrée et *je* ne l'ai pas vu.

- *Lorsque les deux verbes ont chacun un sujet différent*

  Comparez les phrases données ci-dessus avec ce qui suit :

  quiero que tú lo hagas
  je veux que tu le fasses

  Deux personnes interviennent ici. *Je* "veux", mais *tu* es la personne qui doit "le faire".

  entré sin que él me viera
  je suis entrée sans qu'il me voie

  Je suis entrée, mais *il* ne m'a pas vue.

- *Les verbes avec lesquels l'infinitif peut avoir un sujet différent*

  Il existe un petit nombre de verbes pouvant être suivis d'un infinitif ayant un sujet différent de celui du premier verbe. Voir page 138 la liste de ces verbes :

  me dejaron entrar
  ils m'ont laissé entrer

- *Les infinitifs suivant des prépositions*

  Les exceptions les plus évidentes à la règle générale sont des expressions formées d'une préposition suivie d'un infinitif. Dans ce cas, l'infinitif peut avoir un sujet autre que celui du verbe principal, mais ce sujet est toujours placé après l'infinitif :

  quiero hacerlo antes de llegar los otros
  je veux le faire avant que les autres arrivent

LES VERBES

Ces expressions sont d'un style plutôt littéraire. Cependant, même en espagnol littéraire, on emploie souvent une proposition subordonnée :

quiero hacerlo antes de que lleguen los otros
je veux le faire avant que les autres arrivent

f) *Un emploi idiomatique :* al + *infinitif*

Il s'agit là d'une construction très utile en espagnol, bien qu'elle soit d'un emploi plus fréquent à l'écrit qu'à l'oral. Elle sert à exprimer des actions simultanées dans le présent, le futur ou le passé. Elle peut même avoir son propre sujet, qui peut être différent du sujet du verbe principal de la phrase :

al entrar vieron a los otros salir
lorsqu'ils sont entrés, ils ont vu les autres sortir

al aparecer el cantante, el público aplaudió
lorsque le chanteur est apparu, le public a applaudi

Cette construction peut aussi indiquer la cause :

al tratarse de una emergencia, llamamos un médico
comme c'était une urgence, nous avons appelé un médecin

2 Pour exprimer le présent

a) *L'emploi des formes progressives du présent*

Les formes progressives sont formées de estar à la forme qui convient (voir pages 130 et 174-5) suivi du verbe au participe présent (on peut aussi employer d'autres verbes que estar, comme on peut le voir ci-dessous).

- Estar + *participe présent*

Les formes progressives présentent toute action essentiellement comme une activité. Si une action ne peut pas être envisagée comme activité, on n'emploie pas la forme progressive. Par exemple :

me siento bien
je me sens bien

Les formes progressives sont employées pour des actions que l'on considère comme étant en train de se dérouler au moment où l'on parle :

LES VERBES

no hagas tanto ruido, estoy escuchando la radio
ne fais pas autant de bruit, j'écoute la radio (je suis en train de l'écouter en ce moment)

On les emploie aussi lorsqu'une action a été commencée dans le passé et que le locuteur se sent encore impliqué dans cette action, même si elle n'a pas lieu au moment exact où il parle :

estoy escribiendo una tesis sobre la política española
j'écris une thèse sur la politique espagnole

Je peux ne pas être en train d'écrire au moment où je parle (en fait, je peux n'avoir pas travaillé à ma thèse depuis plusieurs semaines), mais j'ai déjà commencé et c'est l'une de mes activités à l'heure actuelle.

Comparez les deux exemples suivants :

no me interrumpas, estoy trabajando
ne m'interromps pas, je suis en train de travailler

trabajo en Madrid
je travaille à Madrid

- **Ir** + *participe présent*

Ir souligne la nature progressive de l'action, et suggère que celle-ci se poursuivra dans le futur :

poco a poco nos vamos acostumbrando
nous nous y habituons petit à petit (et nous continuerons à nous y habituer)

la tasa de inflación va aumentando
le taux d'inflation est en augmentation (et continuera à augmenter)

- **Venir** + *participe présent*

Venir indique que l'action a commencé dans le passé et se poursuit dans le présent :

las medidas que vienen adoptando son inútiles
les mesures qu'ils sont en train d'adopter sont inutiles

los ejercicios que venimos haciendo no son interesantes
les exercices que nous faisons ne sont pas intéressants

- **Llevar** + *participe présent*

De même que pour venir, llevar introduit une action à cheval entre le passé et le présent :

Les verbes

llevamos tres meses **aprendiendo** el ruso
cela fait trois mois que nous apprenons le russe

b) *Le présent en général*

Tous les autres aspects du présent (actions répétées, vérités d'ordre général, etc.) sont exprimés par les formes normales du présent :

vamos a España todos los años la vida es dura
nous allons en Espagne tous les ans *la vie est dure*

3 Pour exprimer le futur

a) *La notion d'engagement personnel de la part du locuteur*

Pour l'expression du futur, l'espagnol fait la distinction entre les cas où il y a un engagement personnel de la part du locuteur et les cas où cet engagement n'existe pas. Cette nuance dans l'expression du futur s'applique aussi au futur dans le passé.

En espagnol, on met le verbe au présent pour exprimer une action dans l'avenir tout en faisant intervenir la notion d'engagement personnel de la part du locuteur. Si cette notion d'engagement n'est pas présente, on emploie le futur. Remarquez toutefois que le présent ne peut s'employer pour exprimer une action future que s'il existe un mot dans la phrase indiquant la notion de futur ou si le contexte fait clairement référence au futur.

Notez que le présent peut aussi s'employer en français pour exprimer un futur avec notion d'engagement de la part du locuteur (par exemple : "je pars demain", "le bateau part mardi prochain").

- *Le présent et le futur*

Il convient de souligner le fait que la différence entre ces deux futurs n'est en aucune manière liée à l'action dont il est question, ou à sa distance dans le temps par rapport au locuteur. Il est tout à fait possible d'employer l'un ou l'autre futur pour faire référence à la même action. Ce qui détermine le choix du locuteur est la mesure de son engagement par rapport à l'action à laquelle il fait référence.

LES VERBES

Comparez les exemples suivants :

lo hago mañana   lo haré mañana

Ces deux phrases signifient "je le ferai demain". Cependant, la première exprime une intention beaucoup plus ferme de la part du locuteur.

Le futur (en réalité un présent) exprimant un engagement de la part du locuteur tend à être plus couramment employé aux premières personnes du singulier et du pluriel ("je" et "nous"). Néanmoins, il est aussi employé aux troisièmes personnes si le locuteur fait référence à un événement dont il est absolument certain :

los Reyes visitan Alemania la semana que viene
le Roi et la Reine visitent (visiteront) l'Allemagne la semaine prochaine

el primer centenario de la democracia se celebra en 2077
le premier centenaire de la démocratie sera célébré en 2077

Le présent est aussi très employé pour demander directement à quelqu'un de faire quelque chose immédiatement :

¿me prestas dos euros?
tu me prêtes deux euros ?

Une autre tournure moins directe consiste à employer les verbes poder ou querer suivis de l'infinitif :

¿puedes darme esas tijeras?
peux-tu me donner cette paire de ciseaux ?

¿quieres pasarme ese bolígrafo?
veux-tu me passer ce stylo ?

L'emploi du futur pour formuler une demande indique qu'on ne s'attend pas à ce que la demande soit exaucée immédiatement :

¿me terminarás eso?
pourras-tu me finir cela ? (à un moment ou à un autre dans le futur)

- Ir a + *infinitif*

Comme dans la construction française "je vais le faire demain", on peut exprimer en espagnol un futur avec notion d'engagement de la part du locuteur par ir a suivi de l'infinitif, bien que cette tournure soit plutôt moins fréquente que son équivalent français :

voy a estudiar medicina en la universidad
je vais étudier la médecine à l'université

van a ver esa película mañana
ils vont voir ce film demain

b) *Le futur antérieur*

Comme en français, on emploie le futur antérieur pour lier une action dans le futur à une autre action. Il indique que l'action en question aura été accomplie lorsque la deuxième se produira (voir page 110 pour la formation du futur antérieur) :

ya lo **habré hecho** cuando vuelvas
je l'aurai déjà fait lorsque tu reviendras

si llegamos tarde, ya **se habrá marchado**
si nous arrivons en retard il sera déjà parti

Le futur antérieur peut aussi indiquer que l'action aura été terminée avant un moment particulier dans le temps :

lo **habré terminado** para sábado   ya **habrá llegado**
je l'aurai fini d'ici samedi   *il sera déjà arrivé*

c) *Pour exprimer le futur du passé*

Dans une proposition subordonnée, on exprime le futur du passé à l'aide soit de l'imparfait (lorsque le locuteur s'engage personnellement) soit du conditionnel (lorsque le locuteur ne s'engage pas). Toutefois, l'emploi du conditionnel est nettement plus courant que l'emploi de l'imparfait dans cette construction :

me dijo que **iba** a España la semana siguiente *(imparfait)*
il m'a dit qu'il irait en Espagne la semaine suivante

Il a dit **voy a España**, en faisant référence au futur. Cependant, il a dit cela dans le passé, et il s'agit donc là d'un futur du passé.

me explicó que lo **haría** después de volver de sus vacaciones *(conditionnel)*
il m'a dit qu'il le ferait en rentrant de vacances

Le conditionnel passé exprime la notion de futur antérieur dans le passé :

me aseguró que habría terminado el trabajo antes de medianoche
il m'a affirmé qu'il aurait terminé le travail avant minuit

d) *La limite dans le futur*

Les actions qui sont sur le point d'avoir lieu sont exprimées en espagnol par **estar a punto de** au présent ou, moins couramment, **estar para** suivi de l'infinitif :

estoy a punto de empezar
je suis sur le point de commencer

el tren está para salir
le train est sur le point de partir

On emploie l'imparfait lorsque l'action est située dans le passé :

estaba a punto de salir cuando Juan llegó
j'étais sur le point de sortir lorsque Juan est arrivé

4 Pour exprimer le passé

En espagnol, on distingue quatre niveaux de passé. À savoir :

le passé lié au présent	→ le passé composé
le passé achevé	→ le passé simple
le passé en train de se dérouler	→ l'imparfait
le passé éloigné dans le temps	→ le plus-que-parfait

Il convient de souligner que le temps choisi ne dépend en rien de l'action à laquelle on fait référence. Il ne dépend pas de sa nature (action unique ou action répétée), pas plus qu'il ne dépend de sa durée (que l'action ait duré une seconde ou un siècle), ni même de sa situation dans le temps (qu'elle se soit produite il y a une minute ou il y a mille ans).

Le temps que vous choisissez dépend entièrement de la manière dont vous percevez subjectivement l'action, particulièrement en ce qui concerne son lien avec les autres actions auxquelles vous faites référence.

a) *Le passé lié au présent*

On emploie le passé composé pour faire référence à une action passée qui, bien qu'elle soit achevée, est considérée par le locuteur comme étant d'une certaine manière liée au présent. Le lien perçu entre l'action passée et le présent est souvent indiqué par la présence de verbes ou adverbes apparentés faisant référence au présent. Il n'y a pas de limite quant à l'éloignement dans le temps de l'action ou de la série d'actions.

Remarque :

Notez la différence fondamentale entre le français et l'espagnol en ce qui concerne l'expression du passé. En espagnol, on utilise le passé composé **uniquement** pour exprimer une action liée au présent. Une action considérée comme étant achevée et comme n'ayant aucun rapport avec le présent est **toujours** exprimée par le passé simple.

Comparez :

he visitado muchos países europeos últimamente
j'ai visité beaucoup de pays européens récemment

durante su vida **visitó** muchos países europeos
pendant sa vie il a visité de nombreux pays européens

en los últimos diez años **he aprendido** diez idiomas extranjeros
au cours des dix dernières années j'ai appris dix langues étrangères

aprendí el árabe durante un cursillo de verano
j'ai appris l'arabe pendant un stage d'été

b) *Le passé de l'action achevée*

Le passé achevé indique que l'aspect de l'action (ou série d'actions) qui est le plus important aux yeux du locuteur est le fait qu'elle soit achevée. Il importe peu qu'il s'agisse ou non d'une action répétée, ou que celle-ci ait ou non duré longtemps. Si l'on insiste sur le fait que l'action est achevée, on emploiera le passé simple :

hizo esto cada día durante casi diez años
il a fait cela chaque jour pendant presque dix ans

viví en España durante más de veinte años
j'ai vécu en Espagne pendant plus de vingt ans

Remarque :

À la différence du français, le passé simple est très couramment employé en espagnol.

c) *Le passé de l'action en train de se dérouler*

On exprime le passé en train de se dérouler à l'aide de l'imparfait. Une action sera exprimée à l'imparfait si ce qui domine dans l'esprit du locuteur est le fait que l'action soit en cours et non pas le fait que l'action soit achevée. Il n'y a aucune limite quant à la longueur ou à la brièveté de l'action.

En général, on emploie l'imparfait en espagnol là où l'on emploierait l'imparfait en français :

cuando era pequeño, iba todos los días a la piscina
lorsque j'étais petit, j'allais à la piscine tous les jours

mientras Pepe veía la televisión, Juan hacía sus deberes
pendant que Pepe regardait la télévision, Juan faisait ses devoirs

Si une action est présentée comme se produisant pendant qu'une autre est déjà en cours, l'action qui se produit sera exprimée par le passé simple, tandis que l'action en cours sera exprimée par l'imparfait :

mientras Juan llamaba a la puerta, el teléfono sonó
le téléphone a sonné pendant que Juan frappait à la porte

Comme le présent, l'imparfait a aussi une forme progressive, que l'on construit avec l'imparfait de l'auxiliaire estar suivi du participe présent du verbe. Là encore, la forme progressive présente l'action comme étant principalement une activité :

estábamos escuchando la radio cuando María entró
nous étions en train d'écouter la radio lorsque María est entrée

Ces exemples permettent de voir qu'il est parfaitement possible en espagnol d'employer l'imparfait ou le passé simple pour faire référence à la même action, en fonction des changements dans la perception subjective du locuteur :

Juan llamó a la puerta. Mientras llamaba a la puerta, el teléfono sonó. Mientras el teléfono sonaba, el bebé empezó a llorar.
Juan a frappé à la porte. Pendant qu'il frappait à la porte, le téléphone a sonné. Pendant que le téléphone sonnait, le bébé s'est mis à pleurer.

d) *Les actions qui durent dans le passé*

Comme en français, on emploie l'imparfait :

LES VERBES

trabajaba desde hacía diez años como profesor
cela faisait dix ans qu'il travaillait comme professeur

hacía veinte años que vivían en España
cela faisait vingt ans qu'ils vivaient en Espagne

llevaba quince minutos esperando
cela faisait quinze minutes que j'attendais

e) *La limite dans le passé*

Les actions venant juste de se produire sont exprimées par acabar de au présent suivi de l'infinitif :

acabamos de ver el programa
nous venons de voir l'émission

acaban de volver del cine
elles viennent de rentrer du cinéma

Là encore, on emploie l'imparfait si cette idée est exprimée au passé :

acabábamos de poner la tele cuando entraron
nous venions juste d'allumer la télé lorsqu'ils sont arrivés

f) *Expressions stylistiques du passé*

- *L'emploi du présent pour exprimer un passé simple*

Pour des raisons de style, particulièrement à l'écrit, on exprime souvent le passé à l'aide d'un verbe au présent (appelé présent de narration). Cet emploi permet de rendre la narration plus vivante. C'est là un emploi comparable à celui du présent de narration en français :

en el siglo quince sale Colón para América
au quinzième siècle, Colomb part pour l'Amérique

- *L'emploi de l'imparfait pour exprimer un passé simple*

Là encore, à l'écrit, pour des raisons de style et pour rendre un récit plus vivant, l'espagnol exprime parfois une action à l'imparfait alors que l'on aurait normalement employé un passé simple :

en 1975 moría Franco y comenzaba la transición a la democracia
en 1975 Franco mourait et la transition vers la démocratie commençait

LES VERBES

g) *Le plus-que-parfait*

De même qu'en français, le passé plus éloigné dans le temps est exprimé par un plus-que-parfait. Le locuteur indique par là que l'action a été accomplie avant une autre action passée :

llegué a las tres, pero Juan ya se había marchado
je suis arrivé à trois heures, mais Juan était déjà parti

no podía salir porque había perdido la llave
elle ne pouvait pas sortir car elle avait perdu sa clef

h) *Le passé antérieur*

En espagnol très littéraire, on emploie parfois dans une subordonnée le passé antérieur pour exprimer une action qui s'est déroulée avant une autre action passée :

cuando hubo terminado la guerra volvió a su pueblo
après que la guerre se soit terminée, il est retourné dans son village

Le passé antérieur ne s'emploie jamais à l'oral car il est considéré comme désuet, même en espagnol écrit contemporain. On préfère employer le plus-que-parfait ou simplement le passé simple.

5 Emplois du conditionnel

Ils sont très similaires à ceux du français :

a) *Dans les hypothèses*

Le conditionnel intervient dans la proposition principale lorsque la subordonnée contient une hypothèse (si + subjonctif).

Remarque :

Attention à la concordance des temps : imparfait du subjonctif dans la subordonnée + conditionnel présent dans la principale ; plus-que-parfait du subjonctif dans la subordonnée + conditionnel passé dans la principale :

si la conociera mejor, le hablaría
si je la connaissais mieux, je lui parlerais

si lo hubiera sabido, te habría avisado
si j'avais su, je t'aurais prévenu

b) *Dans les souhaits et les demandes polies*

a Miguel le gustaría viajar
Miguel aimerait voyager

¿me podrías pasar la sal?
tu pourrais me passer le sel ?

Voir aussi pages 227-31.

6 Emplois du subjonctif

a) *Dans les propositions subordonnées temporelles*

Une proposition subordonnée temporelle est une proposition introduite par un mot ou une locution indiquant la notion de temps comme cuando, antes de que, etc.

Remarque :

En espagnol, on n'emploie jamais le futur dans une proposition subordonnée temporelle comme on le ferait en français, mais on emploie le temps du subjonctif qui convient.

Voir les listes de conjonctions données pages 197-9.

- *Le futur*

Le futur est exprimé par le **subjonctif présent**. On n'opère pas de distinction entre le futur avec notion d'engagement de la part du locuteur et le futur sans notion d'engagement :

en cuanto llegue, se lo diré
je le lui dirai dès qu'il arrivera

¿qué harás cuando termine tu contrato?
qu'est-ce que tu feras lorsque ton contrat prendra fin ?

Remarquez que, bien que les conjonctions mientras no et hasta que (no) signifient toutes deux "jusqu'à ce que", "tant que", le no est facultatif après hasta que :

no podemos hacerlo mientras no nos autoricen
nous ne pouvons pas le faire tant qu'ils ne nous y autorisent pas/qu'ils ne nous y auront pas autorisés

no podemos mandar las mercancías hasta que (no) nos manden el pedido
nous ne pouvons pas envoyer les marchandises tant qu'ils ne nous auront pas envoyé la commande

- *Le futur antérieur*

    Dans une proposition subordonnée temporelle, on exprime l'idée de futur antérieur à l'aide du **subjonctif passé composé** :

    podrás salir cuando hayas terminado tus deberes
    tu pourras sortir quand tu auras fini tes devoirs

    insisto en que te quedes hasta que lo hayas hecho
    j'insiste pour que tu restes jusqu'à ce que tu l'aies fait

- *Le futur du passé*

    Dans une proposition subordonnée temporelle en espagnol, on exprime le futur du passé à l'aide de l'**imparfait du subjonctif**, et non pas à l'aide du conditionnel comme on le ferait en français :

    me aseguró que lo haría en cuanto llegara
    elle m'a assuré qu'elle le ferait dès qu'elle arriverait

    nos informaron que los mandarían tan pronto como fuese posible
    ils nous ont dit qu'ils nous les enverraient dès que possible

b) *La proposition subordonnée : indicatif ou subjonctif ?*

Le verbe d'une proposition subordonnée est soit à l'indicatif soit au subjonctif.

D'une manière générale, on emploie l'indicatif pour introduire ce qui constitue **d'après le locuteur** des constatations vérifiables et sans équivoque. Par contre, le subjonctif est employé si le locuteur pense que les affirmations ne sont pas vraies, s'il ne peut, pour une raison ou une autre, garantir qu'elles se révèleront vraies, ou si, plutôt que de se contenter de constater les actions, il exprime un sentiment face à celles-ci. Il peut y avoir toutes sortes de raisons à cela, par exemple :

Comme en français :

– s'il doute d'une affirmation ou la dément :

no creo que sea necesario
je ne crois pas que ce soit nécessaire

– si les actions sont introduites par une affirmation exprimant une émotion, un sentiment, un souhait :

quiero que se vayan
je veux qu'ils s'en aillent

LES VERBES

À la différence du français :

- si les actions n'ont pas encore été accomplies ; elles appartiennent alors au futur et on ne peut donc pas garantir qu'elles auront lieu :

  espero que vengas
  j'espère que tu viendras

- si les actions sont exprimées en tant que conditions qui ne sont pas encore réalisées (par exemple dans les ordres) ou ne peuvent pas l'être (si..., como si...) :

  se porta como si fuese el jefe
  il se conduit comme si c'était lui le chef

  Pour ce qui est des ordres, le subjonctif est toujours employé dans la subordonnée après les verbes decir, escribir, pedir, aconsejar, rogar, suplicar, etc., là où le français emploie l'infinitif :

  me dijo que entrara
  elle m'a dit d'entrer

  os pido que os calléis
  je vous demande de vous taire

Il est important de bien comprendre qu'il n'y a pas de règles universelles concernant l'emploi du subjonctif en espagnol. Par exemple, on applique des règles différentes pour faire référence au futur suivant que l'on exprime une condition ou une émotion. Chaque cas doit être traité individuellement.

D'une manière générale, toute expression impersonnelle qui n'introduit pas une simple constatation est suivie du subjonctif :

es posible/probable/una pena que esté allí
il est possible/probable/dommage qu'il soit là

Remarquez en particulier que, contrairement au français, **tous** les temps du subjonctif (présent, imparfait, passé composé, plus-que-parfait) sont couramment employés en espagnol. La concordance normale des temps est la suivante :

LES VERBES

TEMPS DE LA PROPOSITION PRINCIPALE	TEMPS DU SUBJONCTIF
présent futur passé composé futur antérieur	présent, passé composé
imparfait passé simple conditionnel conditionnel passé plus-que-parfait	imparfait, plus-que-parfait

él no quería que yo entrara
il ne voulait pas que j'entre

si estudiaras más, aprobarías
si tu étudiais plus, tu réussirais

habría querido que lo hicieras más rápidamente
j'aurais voulu que tu le fasses plus rapidement

Cependant, il ne s'agit pas là de règles immuables. Des exceptions sont possibles si le contexte l'exige.

Notez par exemple que, après como si, l'espagnol emploie l'imparfait du subjonctif bien que le verbe de la principale soit au présent de l'indicatif :

le habla como si fuera su esclavo
elle lui parle comme si c'était son esclave

c) *Dans les ordres négatifs*

¡no me empujes!
ne me pousse pas !

d) *Indicatif ou subjonctif selon le degré de certitude*

Certains mots peuvent être suivis soit de l'indicatif, soit du subjonctif, selon le degré de certitude de l'affirmation. L'indicatif dénote une plus grande certitude que le subjonctif (voir b) ci-dessus).

- *Après* aunque

Le subjonctif exprime une difficulté potentielle tandis que l'indicatif exprime une difficulté réelle. Comparez :

saldremos aunque **llueva** *(subjonctif)*
nous sortirons même s'il pleut (il se peut qu'il pleuve)

aunque **llueve**, saldremos *(indicatif)*
nous sortirons bien qu'il pleuve (il pleut effectivement)

- *Après* quizás *et* tal vez

quizás **vengan** mañana, no sé *(subjonctif)*
ils viendront peut-être demain, je ne sais pas

tal vez **tienes** razón *(indicatif)*
tu as peut-être raison

Si on disait **tal vez tengas razón**, on douterait sérieusement du bien-fondé de ce que dit la personne.

7 Emplois de l'impératif

Pour la formation de l'impératif, voir pages 114-15.

Il est important de se souvenir que l'impératif à proprement parler n'est employé que pour donner des **ordres positifs** s'adressant soit à **tú** soit à **vosotros/vosotras**. Dans **tous** les autres cas (ordres positifs s'adressant à **Vd.** et **Vds.**, et **tous** les ordres négatifs), on emploie le subjonctif à la forme qui convient :

no leas esa revista, **lee** ésta
ne lis pas ce magazine-là, lis celui-ci

tenéis que escribir la carta en español, **no** la **escribáis** en francés
vous devez écrire la lettre en espagnol, ne l'écrivez pas en français

vengan mañana, **no vengan** hoy
venez demain, ne venez pas aujourd'hui

On emploie aussi le subjonctif pour la troisième personne de l'impératif, qui est généralement précédée de **que** :

¡que lo hagan ellos mismos!
qu'ils le fassent eux-mêmes !

La première personne de l'impératif (celle qui correspond à "nous") peut s'exprimer à l'aide soit du subjonctif, soit de **vamos a** suivi du verbe à l'infinitif. L'emploi du subjonctif sous-entend de la part du locuteur une attitude plus engagée vis-à-vis de l'action en question :

vamos a ver
voyons (cela)

vamos a empezar
commençons

vamos
on y va

hagamos eso ahora mismo
faisons-le immédiatement

8 Emplois du participe présent

Pour la formation du participe présent, voir pages 107-8.

a) *Pour exprimer l'idée de moyen*

Le participe présent tout seul permet d'exprimer en espagnol l'idée de "en faisant", "en allant", etc. Remarquez qu'on n'emploie **aucune préposition** pour traduire le "en" français :

gané este dinero trabajando durante las vacaciones
j'ai gagné cet argent en travaillant pendant les vacances

conseguí hacerlo dejando lo demás para más tarde
j'ai réussi à le faire en remettant le reste à plus tard

b) *Pour exprimer la simultanéité de deux actions*

On emploie beaucoup le participe présent pour exprimer le fait qu'une action se déroule en même temps qu'une autre :

entró corriendo
elle est entrée en courant

"está bien", dijo sonriendo
"d'accord", dit-il en souriant

Le participe présent est invariable en espagnol, quels que soient le genre et le nombre du sujet du verbe :

las chicas salieron corriendo
les filles sont sorties en courant

Le participe présent ne s'emploie jamais comme adjectif en espagnol.

Pour traduire en espagnol un participe présent français employé en tant qu'adjectif, on doit à tout prix éviter d'employer le participe présent du verbe espagnol :

agua corriente
eau courante

una muchacha encantadora
une jeune fille ravissante

c) *Après un verbe de perception*

Après un verbe de perception ("voir", "entendre", etc.), on peut

LES VERBES

utiliser soit le participe présent soit l'infinitif, contrairement au français. Dans la pratique, l'emploi de l'infinitif est plus courant que l'emploi du participe présent :

vi a mi hermano **atravesando**/**atravesar** la calle
j'ai vu mon frère traverser la rue

d) *La cause*

Un participe présent peut aussi exprimer la cause :

estando en Madrid, decidí visitar a mi amigo
comme je me trouvais à Madrid, j'ai décidé de rendre visite à mon ami

no **sabiendo** cómo continuar, decidió pedir ayuda
ne sachant que faire ensuite, il a décidé de demander de l'aide

e) *Les formes progressives*

Voir 2a) ci-dessus.

f) *La poursuite d'une action*

On emploie le participe présent avec le verbe **seguir**, et moins fréquemment le verbe **continuar**, pour exprimer la poursuite d'une action :

siguió trabajando a pesar de todo
elle a continué à travailler malgré tout

continuaron repitiendo la misma cosa
ils ont continué à répéter la même chose

9 Emplois du participe passé

a) *Pour former les temps composés*

¿te ha **escrito** Juan?   si lo hubiera **sabido**...
est-ce que Juan t'a écrit ?   *si j'avais su...*

b) *Pour former le passif*

su novela fue **publicada** el año pasado
son roman a été publié l'année dernière

c) *Comme adjectif, après* **estar**

la puerta está **cerrada**
la porte est fermée

LES VERBES

> **Remarque :**
>
> Le participe passé s'accorde avec le nom sujet quand il est épithète ou attribut, mais pas avec l'objet direct placé avant le verbe :
>
> las fiestas fueron organiz**adas** por el ayuntamiento
> *les fêtes ont été organisées par la mairie*
>
> las manzanas que he comid**o** estaban buenísimas
> *les pommes que j'ai mangées étaient très bonnes*

10 Le passif

a) **Ser** + *participe passé*

On forme le passif en espagnol à l'aide de **ser** + participe passé. Il convient de bien garder présent à l'esprit que le passif est employé exclusivement pour décrire une action. Si vous ne faites pas référence à une action, mais décrivez un état, vous devez employer **estar**.

Dans cette construction avec **ser** + participe passé, celui-ci s'accorde toujours avec le sujet, c'est-à-dire avec la chose ou la personne qui subit l'action.

Comparez :

la ventana **fue rota** por la explosión
la fenêtre a été brisée par l'explosion

cuando entré en la sala vi que la ventana **estaba rota**
quand je suis entré dans la pièce, j'ai vu que la fenêtre était brisée

b) *L'emploi de la forme réfléchie*

Une autre méthode pour exprimer le passif en espagnol consiste à mettre le verbe à la forme réfléchie :

el libro **se publicó** hace dos años
le livre a été publié il y a deux ans

las mercancías pueden **mandarse** por vía aérea
les marchandises peuvent être envoyées par avion

Il ne s'agit pas là d'une façon d'"éviter" le passif. Au contraire, cette construction est considérée par les Espagnols comme un passif à part entière. Lorsqu'il entend la phrase suivante :

el palacio se construyó en 1495
le palais a été construit en 1495

un Espagnol ne penserait jamais que le palais s'est construit lui-même !

Remarquez qu'il existe en français une tournure similaire mais d'un emploi plus restreint :

¿cómo se pronuncia?
comment ça se prononce ?

11 Le verbe à la forme réfléchie

a) *Le pronom réfléchi*

Un verbe est employé à la forme réfléchie si l'action du verbe est réfléchie sur le sujet. En espagnol, on met le verbe à la forme réfléchie en l'employant avec le pronom réfléchi à la forme qui convient (voir page 63).

se levantó, se lavó, se vistió y salió
il s'est levé, lavé, habillé et il est sorti

Les pronoms réfléchis indirects expriment l'idée de "pour soi-même" :

me compré un libro
je me suis acheté un livre

Les pronoms réfléchis sont également très importants lorsqu'on exprime des actions s'accomplissant sur des parties du corps ou les vêtements du locuteur :

me rompí la pierna　　　　　se puso la chaqueta
je me suis cassé la jambe　　*elle a mis sa veste*

Remarque :

Les temps composés des verbes réfléchis se forment en espagnol avec haber. Le participe passé ne s'accorde pas :

las chicas se habían despertado temprano
les filles s'étaient réveillées de bonne heure

b) *Le préfixe* auto-

En espagnol contemporain, un certain nombre de verbes réfléchis peuvent être précédés du préfixe auto- (même sens qu'en français) afin de souligner le fait que l'action est réfléchie. Cependant, il convient d'utiliser ces verbes avec prudence. N'utilisez que ceux que vous connaissez :

autoprotegerse
se protéger

estos grupos se autoubican en la izquierda
ces groupes se disent de gauche

On rencontre aussi ce préfixe dans un grand nombre de noms : autodominio (*maîtrise de soi*), autocrítica (*auto-critique*), etc.

c) *La réciprocité*

On peut employer un verbe à la forme réfléchie pour exprimer non seulement l'idée de l'action se réfléchissant sur le sujet, mais aussi la réciprocité de l'action (c'est-à-dire l'action de plusieurs sujets les uns sur les autres). Dans ces cas-là, le verbe est toujours au pluriel :

nos encontramos en la calle
nous nous sommes rencontrés dans la rue

nos vemos mañana
à demain (nous nous verrons demain)

Si le verbe peut lui-même être réfléchi, l'action réciproque peut être indiquée par l'emploi de uno a otro, à moins que le contexte n'indique clairement qu'il s'agit d'une action réciproque :

se felicitaron uno a otro
ils se sont félicités mutuellement

Si le verbe prend une préposition avant son complément d'objet, la préposition remplacera le a de uno a otro :

se despidieron uno de otro
ils se sont dit au revoir

Se despidieron signifierait simplement "ils ont dit au revoir".

Dans un niveau de langue très soutenu, uno a otro peut être remplacé par les adverbes mútuamente ou recíprocamente :

LES VERBES

se ayudan mútuamente
ils s'entraident

d) *Autres emplois*

On peut employer un certain nombre de verbes à la forme réfléchie en espagnol, sans que la signification de ces verbes diffère beaucoup de celles des verbes non réfléchis. Les plus répandus sont les suivants :

caer, caerse	*tomber*
morir, morirse	*mourir*

En ce qui concerne les autres verbes, leur signification change lorsqu'ils sont mis à la forme réfléchie :

comer	*manger*
comerse	*manger entièrement*
dormir	*dormir*
dormirse	*s'endormir*
ir	*aller*
irse	*s'en aller, partir*
llevar	*porter*
llevarse	*emporter*
quedar	*rester*
quedarse	*rester (quelque part)*

12 Les questions

Comme pour les tournures négatives, on forme les questions à l'aide de la forme normale ou progressive du verbe, selon le cas.

a) *Les questions simples*

Les questions simples sont celles qui ne sont pas introduites par un mot interrogatif. L'ordre des mots est : **verbe (+ sujet)**.

En espagnol, il n'y a pas d'équivalent à la tournure "est-ce que... ?" :

¿está aquí tu hermano?
est-ce que ton frère est là ?

On peut aussi, dans le langage parlé, adopter l'ordre **sujet + verbe** :

el libro que encargaste, ¿ha llegado ya?
est-ce que le livre que tu as commandé est arrivé ?

Notez le ton de la phrase tel que l'illustre la ponctuation : affirmatif puis interrogatif. Le premier point d'interrogation se place juste avant le membre de phrase sur lequel porte l'interrogation, et non pas forcément en début de phrase.

"N'est-ce pas ?" se traduit en espagnol par ¿no es verdad?, ¿verdad?, ou, dans un langage plus familier, simplement par ¿no? :

tú le diste el dinero, ¿verdad?
tu lui as donné l'argent, n'est-ce pas ?

te gusta hablar español, ¿no?
tu aimes parler espagnol, n'est-ce pas ?/hein ?

b) *Les pronoms et adjectifs interrogatifs*

Voir pages 85-6.

c) *Les interrogations indirectes*

Les interrogations indirectes sont introduites soit par la conjonction si, soit par un pronom ou un adjectif interrogatifs :

me preguntó si había visto la película
elle m'a demandé si j'avais vu le film

no sé cuál prefiero
je ne sais pas lequel je préfère

se negó a decirme con quién había salido
il a refusé de me dire avec qui il était sorti

Remarque :

N'oubliez pas que les mots interrogatifs prennent toujours un accent : ¿qué ?, ¿quién ?, ¿cuál ?, ¿cuándo ?, ¿cuánto ?, ¿cómo ?, ¿por qué ?.

13 Les négations

a) *La négation simple*

Dans une tournure négative simple, on place no devant le verbe :

no como muchos caracoles, no me gustan
je ne mange pas beaucoup d'escargots, je ne les aime pas

no lo vi porque no vino
je ne l'ai pas vu parce qu'il n'est pas venu

b) *La négation composée*

Avec les négations autres que no, il existe en général deux possibilités :

- No est placé devant le verbe et l'autre négation est placée après le verbe. C'est la construction la plus répandue :

  no conozco a nadie aquí
  je ne connais personne ici

  no sabe nada
  il ne sait rien

  On emploie cette même tournure lorsque la deuxième négation se trouve dans une autre proposition :

  no quiero que hables con nadie
  je ne veux pas que tu parles à qui que ce soit

  no es necesario que hagas nada
  il n'est pas nécessaire que tu fasses quoi que ce soit

- On omet no et on place la négation seule **devant** le verbe. En général, cette construction est réservée à tampoco, nunca et jamás, qui peuvent également se construire avec no :

  Luisa nunca llega a tiempo/Luisa no llega nunca a tiempo
  Luisa n'arrive jamais à l'heure

  a mí tampoco me gusta/a mí no me gusta tampoco
  je n'aime pas cela non plus

c) *Autres négations*

La locution estar sin + infinitif constitue une négation de l'action qui permet de suggérer que celle-ci n'a pas encore été accomplie :

la puerta está todavía sin reparar
la porte n'a pas encore été réparée

Estar peut être remplacé par quedar.

d) *Les négations après les prépositions*

Remarquez que les prépositions sin et antes de sont toujours suivies de négations, même lorsqu'en français on peut employer un terme positif :

salió **sin** hablar con **nadie**
il est sorti sans parler à personne/à qui que ce soit

decidió comer algo **antes de** hacer **nada** más
elle a décidé de manger quelque chose avant de faire quoi que ce soit d'autre

e) *L'emploi de plusieurs négations*

Plusieurs négations peuvent être employées dans la même proposition en espagnol comme en français :

nadie sabe **nunca nada**
personne ne sait jamais rien

no hablo **nunca** con **nadie**
je ne parle jamais à personne/à qui que ce soit

f) *Pour mettre la négation en relief (réponses)*

Il existe essentiellement trois façons de renforcer une réponse négative :

te digo que es él – ¡**que no**!   ¡**claro que no**!
je te dis que c'est lui – mais non !   *bien sûr que non !*

entonces lo haces tú – ¡**eso sí que no**!
dans ce cas-là, c'est toi qui le fais – alors ça non !

g) *Pour mettre la négation en relief (noms)*

Avec les noms, on peut mettre la négation en relief en employant l'adjectif **ninguno** (voir page 94). On emploie rarement **ninguno** au pluriel :

no me queda **ningún** dinero
je n'ai plus du tout d'argent

Pour mettre la négation encore davantage en valeur, on peut placer **alguno**, à la forme qui convient, **après** le nom :

no tiene miedo **alguno**
il n'est pas le moins du monde effrayé

Dans la langue de tous les jours, **nada de** peut aussi s'employer avant le nom :

no me queda nada de dinero
il ne me reste plus du tout d'argent

Le degré de négation en espagnol est le suivant :

no tengo miedo	*je n'ai pas peur*
no tengo ningún miedo	*je n'ai pas du tout peur*
no tengo miedo alguno no tengo nada de miedo	*je n'ai absolument pas peur*

Remarquez aussi les tournures suivantes :

no tengo ni idea/no tengo ni la menor idea/no tengo la más mínima idea
je n'en ai pas la moindre idée

h) *Pour mettre la négation en valeur (adjectifs)*

Dans le cas d'un adjectif, on peut insister sur la négation en plaçant nada devant l'adjectif :

no encuentro sus libros nada interesantes
je ne trouve pas ses livres intéressants du tout

i) *Pour mettre la négation en valeur (verbes)*

Nada peut aussi s'employer en tant que négation ayant une valeur emphatique, plutôt que pour traduire "rien"; cependant cette construction n'est pas employée lorsque le verbe est suivi d'un complément d'objet direct :

la película no me gustó nada *le film ne m'a pas du tout plu*	no he dormido nada *je n'ai pas du tout dormi*

Si le verbe a un complément d'objet, on peut employer une locution comme en absoluto :

no entiendo esto en absoluto
je ne comprends pas du tout cela

Remarquez que, employé seul, en absoluto signifie "pas du tout" :

¿me crees? – en absoluto
est-que tu me crois ? – pas du tout

j) *Pour traduire "ne que", "ne guère", "ne plus"*

"Ne... que" se traduit en espagnol par sólo, solamente ou no... más que :

tengo sólo dos horas/solamente tengo dos horas/no tengo más que dos horas
je n'ai que deux heures

"Ne... guère" se traduit en espagnol soit par no... muy ou no... mucho, soit par apenas placé devant le verbe :

no estás muy atento
tu n'es guère attentif

no la conoce mucho/apenas la conoce
il ne la connaît guère

"Ne... plus" se traduit en espagnol par ya no placé devant le verbe :

ya no vive allí
elle n'habite plus là

14 Pour mettre l'action en relief

Pour mettre le verbe en relief en espagnol, on emploie sí que suivi du verbe ou un verbe comme asegurar :

sí que te creo/te aseguro que te creo
je t'assure que je te crois

ella sí que no vendrá/seguro que ella no vendrá
il est certain qu'elle ne viendra pas

Parfois, on insiste sur une action en utilisant d'abord l'infinitif et ensuite la forme du verbe qui convient :

¿tú bebes? – beber no bebo, pero fumo mucho
est-ce que tu bois ? – je ne bois pas, ça non, mais je fume beaucoup

15 Traduction du verbe "avoir"

a) Tener

Tener exprime l'idée d'"avoir" dans le sens de "posséder" :

¿tienes coche?
est-ce que tu as une voiture ?

LES VERBES

¿cuánto dinero tienes?
combien d'argent as-tu ?

On emploie parfois **tener** avec le participe passé pour exprimer une idée semblable à celle qu'expriment les temps composés. On ne peut pas employer cette construction à moins que le verbe ait un complément d'objet, et le participe passé s'accorde alors avec le complément d'objet du verbe, qu'il **précède** :

ya tengo escrit**as** las cartas
j'ai écrit les lettres

Les deux emplois suivants sont particulièrement fréquents :

tenemos pensado ir a jugar al tenis
nous pensons aller jouer au tennis

tengo entendido que ha sido un éxito
d'après ce que j'ai compris, cela a été un succès

On emploie aussi fréquemment **contar con** et **disponer de** pour traduire "avoir" dans le sens d'"avoir à sa disposition" plutôt que dans le sens de "posséder" :

España cuenta con nueve centrales nucleares
l'Espagne compte neuf centrales nucléaires

b) **Haber**

On emploie **haber** avec le participe passé pour former les temps composés des verbes (voir pages 109-11, 113-14).

Remarque :

N'oubliez pas que, dans ces constructions, le participe passé est toujours invariable, quels que soient le genre et le nombre du sujet ou du complément d'objet direct du verbe :

las últimas películas que Carlos Saura ha dirigid**o** son...
les derniers films que Carlos Saura a réalisés sont...

c) *Traduction de l'expression "il y a"*

"Il y a" se traduit en espagnol par **hay**. Étymologiquement, **hay** est la troisième personne du singulier du présent de **haber** (**ha**) auquel se trouve accolé le mot **y** ("là", aujourd'hui inusité dans ce sens) :

hay mucha gente en la playa
il y a beaucoup de gens sur la plage

Il est important de comprendre que cette forme fait partie du verbe haber, puisque ce sont les formes normales de haber que l'on emploie à tous les autres temps et dans toutes les autres constructions :

había por lo menos cincuenta personas en la habitación
il y avait au moins cinquante personnes dans la pièce

Comme le montre cet exemple, c'est toujours la forme du singulier que l'on utilise, même avec un nom au pluriel (personas).

Remarquez également l'emploi de l'infinitif dans la construction suivante :

debe haber otra manera de abordar el problema
il doit y avoir une autre manière d'aborder le problème

16 Traduction du verbe "devenir"

Il n'y a pas de verbe "devenir" en espagnol. La traduction de ce verbe dépend du contexte :

a) *"Devenir" avec un adjectif*

Avec un adjectif, on exprime généralement "devenir" par hacerse, ponerse ou volverse. Ponerse indique un changement temporaire, volverse indique un changement plus durable :

se puso furioso cuando oyó esta noticia
il est devenu furieux en entendant cette nouvelle

se hacía oscuro fuera
il commençait à faire sombre dehors

se volvió muy antipático
il est devenu très déplaisant

b) *"Devenir" avec un nom*

Avec un nom, on traduit généralement "devenir" par hacerse ou convertirse en :

se hizo diputado a los 30 años de edad
il est devenu député à l'âge de 30 ans

esta empresa se ha convertido en la más importante de España
cette société est devenue la plus importante d'Espagne

LES VERBES

S'il y a une notion de réussite, on peut aussi employer **llegar a ser** :

llegó a ser presidente a pesar de todas las dificultades
il est devenu président en dépit de toutes les difficultés

c) *Autres verbes*

Parfois, dans des cas où l'on emploierait le verbe "devenir" en français, on adopte une démarche tout autre en espagnol :

España ingresó en el Mercado Común en 1986
l'Espagne est devenue membre du Marché commun en 1986

17 Traduction du verbe "être"

a) **Ser** *et* **estar**

L'espagnol a deux verbes "être", **ser** et **estar**. D'une manière générale on peut dire que :

– **ser** s'emploie pour **définir** les choses

– **estar** s'emploie pour décrire des caractéristiques pouvant changer sans pour autant modifier la définition essentielle de la chose.

Il n'est pas toujours exact de dire que **ser** décrit des caractéristiques qui sont permanentes et **estar** des caractéristiques qui ne le sont pas. Le critère de la **définition** est beaucoup plus important pour décider quel verbe employer.

Les emplois de ces verbes peuvent être divisés en trois catégories :

– les cas dans lesquels l'emploi de **ser** est obligatoire

– les cas dans lesquels l'emploi de **estar** est obligatoire

– les cas dans lesquels on peut employer les deux

On peut résumer ces cas ainsi :

- *Les cas dans lesquels l'emploi de* **ser** *est obligatoire*
    i) Lorsque le verbe "être" est suivi d'un nom, on doit toujours employer **ser**, puisqu'un nom fournit toujours au moins une définition partielle de l'objet en question.

Parmi les exemples typiques, il faut signaler les noms indiquant la profession, la nationalité ou l'origine, les noms propres, les tournures exprimant la possession, la matière, l'heure et presque toutes les tournures impersonnelles :

mi padre **es** minero
mon père est mineur

En espagnol, on considère la profession comme constituant au moins une partie de la "définition" d'une personne. Le fait que votre père puisse un jour perdre son travail et ne plus être alors mineur (ou même que cela puisse être un travail temporaire) n'intervient pas ici :

no **somos** portugueses, **somos** españoles
nous ne sommes pas portugais, nous sommes espagnols

España **es** un país interesante
l'Espagne est un pays intéressant

este coche **es** de mi madre   la mesa **es** de madera
cette voiture est à ma mère   *la table est en bois*

¿qué hora **es**? – **son** las dos de la tarde
quelle heure est-il ? – il est deux heures de l'après midi

es necesario hacerlo ahora mismo
il est nécessaire de le faire tout de suite

ii) Avec les adjectifs décrivant des caractéristiques essentielles

yo creo que el español **es muy fácil** de aprender
je crois que l'espagnol est très facile à apprendre

Le fait que certains puissent ne pas être de cet avis, ou que vous puissiez éventuellement changer d'avis plus tard, n'a aucune importance ici. Pour l'instant "facile" fait partie de votre définition de l'espagnol.

Remarquez que la couleur et la taille sont généralement considérées comme des caractéristiques essentielles en espagnol :

la plaza de toros **es** muy grande   las paredes **eran** blancas
l'arène est très grande   *les murs étaient blancs*

Il est possible qu'ils soient repeints d'une autre couleur plus tard, mais, pour l'instant, le fait d'être blancs fait partie de leur définition.

Si la couleur n'est pas considérée comme une caractéristique essentielle, on emploiera alors souvent une construction différente (et dans certains cas, un adjectif différent) :

tenía los ojos enrojecidos
elle avait les yeux rouges

mais :

su vestido era rojo y su sombrero también
sa robe était rouge, son chapeau aussi

iii) Avec le participe passé pour exprimer le passif en espagnol (pour l'explication de la voix passive, voir pages 16 et 161) :

la cosecha fue destruida por las heladas
la récolte a été détruite par les gelées

- *Les cas dans lesquels l'emploi de estar est obligatoire*

  i) On doit employer estar pour faire référence à la position, permanente ou non, des choses et des personnes. La position d'un objet, toute permanente qu'elle puisse être, n'est pas considérée en espagnol comme faisant partie de sa définition :

  estuve en la playa ayer
  j'étais à la plage hier

  los Pirineos están en la frontera entre España y Francia
  les Pyrénées sont à la frontière franco-espagnole

  Notez que estar s'emploie pour exprimer la position non seulement d'un point de vue physique, mais aussi d'un point de vue moral, etc. – en fait, toute position quelle qu'elle soit :

  estamos a favor de las negociaciones
  nous sommes en faveur des négociations

  estamos en contra de la política del gobierno
  nous sommes contre la politique du gouvernement

  el problema está en el precio
  le problème réside dans le prix

  ii) On emploie estar avec le participe présent pour former l'aspect progressif en espagnol :

  ¿qué estás haciendo? – estoy leyendo una revista española
  qu'est-ce que tu fais ? – je lis un magazine espagnol

estábamos viendo la televisión cuando entró
nous regardions la télévision lorsqu'il est entré

iii) On emploie habituellement **estar** avec des adjectifs servant à exprimer un état d'esprit passager et autres caractéristiques temporaires :

estoy furioso contigo
je suis furieux contre toi

estoy muy cansado, he trabajado mucho hoy
je suis très fatigué, j'ai beaucoup travaillé aujourd'hui

"Être fatigué" ne fait pas partie de votre définition. Vous serez toujours la même personne lorsque vous aurez retrouvé votre énergie.

- *Les cas dans lesquels on peut employer l'un ou l'autre*

Avec de nombreux autres adjectifs, on peut employer soit **ser** soit **estar**. Votre choix dépendra de la mesure dans laquelle vous pensez que :

i) l'adjectif définit la chose en question, même si cette définition n'est valable que pendant un court laps de temps, auquel cas vous emploierez **ser** :

María **es muy guapa**
María est très jolie

ii) l'adjectif ne fait que décrire une caractéristique de la chose ou de la personne en question, auquel cas vous emploierez **estar** :

María **está muy guapa** hoy
María est très jolie aujourd'hui

Comparez :

estás muy pesado hoy	mi profesor **es muy pesado**
tu es vraiment pénible aujourd'hui	*mon professeur est très pénible*
estás tonto	**eres tonto**
tu fais l'idiot	*tu es idiot*

Cependant, dans un impératif négatif avec des adjectifs comme **pesado** et **tonto**, on n'emploiera que **ser** :

LES VERBES

no seas tonto
ne fais pas l'idiot

En revanche, on emploie **estar** avec des adjectifs exprimant l'état d'esprit :

no estés furioso
ne sois pas furieux

- *Quelques cas particuliers*

Il existe quelques adjectifs dont la signification change selon qu'ils sont employés avec **ser** ou **estar** :

	ser	estar
bueno	être bon, de bonne qualité	être bon, avoir bon goût (nourriture)
cansado	être pénible (personne)	être fatigué
consciente	être conscient (de quelque chose)	être conscient (éveillé, pas inconscient)
grave	être grave	être gravement malade
listo	être intelligent	être prêt
malo	être mauvais, méchant	être malade
moreno	être brun	être bronzé
pesado	être lourd	être ennuyeux, pénible (personne)
rico	être riche	être bon (nourriture)
seguro	être sûr (pas dangereux)	être sûr, certain (personne)
verde	être vert (couleur)	être vert (pas mûr)

D'autres modifications sont plus subtiles. Comparez **ser viejo** (*être vieux*) et **estar viejo** (*faire vieux*), **ser pequeño** (*être petit*) et **estar pequeño** (*être petit pour son âge*).

Remarquez aussi que les Espagnols disent toujours **estar contento** (*être content*), mais disent soit **ser feliz** soit **estar feliz** suivant qu'il s'agit d'une caractéristique essentielle (*être heureux*) ou d'un état d'esprit passager (*être content*).

b) **Encontrarse, hallarse, verse, quedar**

Encontrarse et **hallarse** peuvent parfois remplacer **estar** :

el lago se encuentra detrás de la casa
le lac se trouve derrière la maison

no me encuentro bien hoy
je ne me sens pas bien aujourd'hui

Verse et **quedar** peuvent tous deux remplacer **ser** lorsqu'ils sont employés avec un participe passé. Avec **obligado**, on emploie presque toujours **verse** de préférence à **ser** :

el gobierno se vio obligado a retirar su propuesta
le gouvernement a été obligé de retirer sa proposition

la casa quedó completamente destruida
la maison a été complètement détruite

18 Traduction du verbe "faire"

a) *Pour parler du temps qu'il fait*

Dans la plupart des cas, on emploie **hacer** pour parler du temps qu'il fait :

¿qué tiempo hace?   hace frío/calor
quel temps fait-il ?   *il fait froid/chaud*

hace buen/mal tiempo   hace mucho sol
il fait beau/mauvais temps   *il y a beaucoup de soleil*

Mais dans certains cas, on emploie le verbe **haber** :

hace/hay mucho viento   hay neblina
il y a beaucoup de vent   *il y a de la brume*

había luna
c'était une nuit de lune

Étant donné que l'espagnol emploie ici exclusivement des noms, l'idée de "très"/"beaucoup de" s'exprime à l'aide de **mucho** à la forme qui convient (ou à l'aide de toute autre locution adjectivale ou adjectif approprié) :

hace **mucho** calor   está haciendo un frío **que pela**
il fait très chaud   *il fait un froid de canard*

LES VERBES

b) *"Faire" + infinitif*

   Cette construction peut se traduire en espagnol de diverses façons :

   - Hacer + *infinitif, lorsque "faire" équivaut à "obliger" :*

     lo hicimos salir por la puerta de atrás
     nous l'avons fait sortir par la porte de derrière

   - Mandar + *infinitif, lorsqu'on donne un ordre à quelqu'un :*

     el dictador mandó detener a los opositores
     le dictateur a fait arrêter les opposants

   - *Tournure impersonnelle à la troisième personne du pluriel :*

     le planchan la ropa
     elle fait repasser son linge

     Ici il s'agit d'un travail que l'on fait exécuter par une autre personne, mais sans notion de commandement, contrairement à mandar + infinitif.

   - *Autres tournures :*

     he llevado el coche a lavar
     j'ai fait laver ma voiture

     voy a llevarla al médico para que la vea
     je vais la faire examiner par le médecin

c) *"Se faire" + infinitif*

   Là encore, plusieurs possibilités :

   - Hacerse + *infinitif :*

     se hicieron construir una casa en el campo
     ils se sont fait construire une maison à la campagne

   - *Verbe à la forme pronominale :*

     voy a cortarme el pelo
     je vais me faire couper les cheveux

     se operó la semana pasada
     il s'est fait opérer la semaine dernière

   - *Tournure impersonnelle à la troisième personne :*

     le echaron del bar
     il s'est fait expulser du bar

d) *Pour parler du temps écoulé* : hace... que

hace media hora que espero aquí
cela fait une demi-heure que j'attends ici

19 Certains verbes transitifs indirects espagnols

a) Un certain nombre de verbes courants qui sont transitifs en français ont des équivalents transitifs indirects en espagnol. Parmi ces verbes, les deux les plus fréquemment employés sont gustar et parecer.

- Gustar

Gustar, qui veut dire littéralement "plaire", s'emploie en espagnol pour exprimer l'idée d'"aimer" quand on fait référence à des choses :

a Juan no le gustan estos caramelos
Juan n'aime pas ces bonbons (littéralement, "ces bonbons ne plaisent pas à Juan")

nos gusta mucho la tortilla española
nous aimons beaucoup la tortilla espagnole (littéralement, "la tortilla espagnole nous plaît beaucoup")

Remarquez qu'on ne traduit pas toujours "aimer" par le verbe gustar, qui est réservé aux choses ou aux personnes qui vous "plaisent" physiquement. Lorsque l'on fait référence à l'amour que l'on porte à une personne, on traduit "aimer" par querer ou amar :

¡ya no me quieres!   te amo
tu ne m'aimes plus !   *je t'aime*

quiere mucho a sus hijos
elle aime beaucoup ses enfants

- Parecer

Parecer, qui veut dire littéralement "sembler", s'emploie fréquemment en espagnol pour exprimer l'idée de "trouver" au sens de "avoir telle opinion" :

¿qué te parece mi nuevo coche? – me parece estupendo
qu'est-ce que tu penses de ma nouvelle voiture ? – je trouve qu'elle est super

LES VERBES

esas ideas me parecen ridículas
je trouve ces idées ridicules

b) Certains verbes sont transitifs indirects dans les deux langues. Remarquez que, alors que le verbe français reste invariable, l'équivalent espagnol **s'accorde** avec le sujet :

- **Faltar**

  me faltan diez euros
  il me manque dix euros

  faltan dos horas
  il reste deux heures

  Hacer falta s'emploie également dans le même sens :

  me hace falta más tiempo
  il me faut plus longtemps

  me harán falta dos días más
  j'aurai besoin de deux jours supplémentaires

- **Quedar**

  ¿cuánto dinero te queda?
  combien d'argent est-ce qu'il te reste ?

  nos quedaban dos horas
  il nous restait deux heures

- **Sobrar**

  nos sobra tiempo
  nous avons largement le temps

  me sobran diez euros
  il me reste dix euros

  Notez aussi l'expression suivante :

  basta y sobra
  il y en a largement assez

14 LES PRÉPOSITIONS

A FORMES ET EMPLOI

A

à	destination	voy a la escuela/a casa *je vais à l'école/à la maison*
	direction	torcieron a la izquierda *ils ont tourné à gauche*
		¿adónde fuiste? *où es-tu allé ?*
	situation	llega a Madrid mañana *il arrive à Madrid demain*
		sentarse a la mesa *s'asseoir à table*
		la casa se sitúa a cien metros de aquí *la maison est à cent mètres d'ici*
	temps	comemos a la una *nous mangeons à une heure*
		se fue a los quince años *il est parti à l'âge de quinze ans*
	moyen de transport	a pie, a caballo *à pied, à cheval*
	coût	a un euro cada uno *à un euro pièce*
par	fréquence	dos veces al día *deux fois par jour*
pour	but, objectif	salí a comprar pan *je suis sortie pour acheter du pain*
non traduit	devant un complément de personne (voir page 192)	he visto a Juan *j'ai vu Juan*

LES PRÉPOSITIONS

non traduit	temps	al día siguiente murió *il est mort le lendemain*
		a los dos días volvió *il est revenu deux jours plus tard*

ANTE

devant
(en présence de)

le llevaron ante el rey
on l'a amené devant le roi

(face à)

ante tanto trabajo huyó
devant tant de travail, il s'est enfui

BAJO

sous	lieu	construyeron un túnel bajo el mar *ils ont construit un tunnel sous la mer*
	figuré	bajo el reinado de Felipe II *sous le règne de Philippe II*

CON

avec	association	se fueron con su primo *ils sont partis avec leur cousin*
	moyen	lo cortó con las tijeras *elle l'a coupé avec les ciseaux*
	manière	habló con gran entusiasmo *il a parlé avec beaucoup d'enthousiasme*
à		hablaba con su amigo *il parlait à son ami*
envers/avec	figuré	no seas cruel conmigo *ne sois pas cruel envers/avec moi*

Dans ce dernier sens, con est parfois précédé de para :

era muy amable para con todos
il était très gentil avec tout le monde

LES PRÉPOSITIONS

CONTRA

contre	position	se apoyaba contra la pared *il s'appuyait contre le mur*
	opposition	los rebeldes luchaban contra el gobierno *les rebelles luttaient contre le gouvernement*

Dans ce dernier sens, la préposition composée **en contra de** est souvent utilisée de préférence à **contra** :

> votaron en contra de la ley
> *ils ont voté contre la loi*

DE

de	possession	es el coche de mi hermana *c'est la voiture de ma sœur*
	contenu	un paquete de cigarrillos *un paquet de cigarettes*
	lieu, provenance	es de Londres *il est de Londres*
	cause	está loca de rabia *elle est folle de rage*
	nombre	la distancia es de dos kilómetros *la distance est de deux kilomètres*
		el total era de mil euros *le total était de mille euros*
		un coche de quince mil euros *une voiture de quinze mille euros*
de... à	temps (avec a)	de las dos a las cuatro *de deux heures à quatre heures*
	lieu (avec a)	va de Madrid a Salamanca *il va de Madrid à Salamanque*
en/de	matériaux	el vestido es de lana *la robe est en laine*
		un abrigo de piel *un manteau de fourrure*

LES PRÉPOSITIONS

à		usage, caractéristique	una cucharilla de café *une cuiller à café*
			un barco de vapor *un bateau à vapeur*
		description	la muchacha de los ojos azules *la fille aux yeux bleus*
			el señor de la barba *le monsieur à la barbe*
		possession	¿de quién son estas gafas? *à qui sont ces lunettes ?*
			este libro es de Matías *ce livre est à Matías*
		avec certains adjectifs	es difícil de entender *c'est difficile à comprendre*
			es imposible de limpiar *c'est impossible à nettoyer*
non traduit		dans des locutions adjectivales	la comida de siempre *la nourriture habituelle*
			se fueron de pequeños *ils sont partis quand ils étaient petits*
			la parte de fuera *la partie extérieure*

DESDE

de	lieu	lo vi llegar desde mi ventana *je l'ai vu venir de ma fenêtre*
depuis	temps	estoy enferma desde el domingo *je suis malade depuis dimanche*
		toca la guitarra desde niño *il joue de la guitare depuis qu'il est petit*
		estudio español desde hace dos años *j'apprends l'espagnol depuis deux ans*

LES PRÉPOSITIONS

de... à	temps (avec hasta)	desde las dos hasta las cuatro *de deux heures à quatre heures*
	lieu (avec hasta)	desde Madrid hasta Barcelona *de Madrid à Barcelone*

EN

à	position	paró en la puerta *il s'est arrêté à la porte*
		quedarse en casa *rester à la maison*
		lo vimos en la feria de muestras *nous l'avons vu à la foire-exposition*
dans	lieu	está en su habitación *elle est dans sa chambre*
sur	position	el ordenador está en la mesa *l'ordinateur est sur la table*
en	moyen de transport	fuimos a Valladolid en coche *nous sommes allés à Valladolid en voiture*
	nombre	lo dividió en tres partes *il l'a partagé en trois*
	temps	en diciembre *en décembre*
		lo terminé en una hora *je l'ai terminé en une heure*
depuis	temps	no lo he visto en quince días *je ne l'ai pas vu depuis quinze jours*
de	augmentation/ diminution	los precios han aumentado en un diez por ciento *les prix ont augmenté de dix pour cent*

ENTRE

entre	position	entre la puerta y la pared *entre la porte et le mur*

LES PRÉPOSITIONS

		entre tu y yo *entre toi et moi*
parmi	lieu	lo encontré entre tus papeles *je l'ai trouvé parmi tes papiers*
ensemble	moyen	lo hicimos entre todos *nous l'avons fait ensemble*

HACIA

vers	lieu	fue corriendo hacia su padre *il a couru vers son père*
	temps	hacia las tres *vers trois heures*
envers	figuré	muestra hostilidad hacia el jefe *il manifeste de l'hostilité envers le chef*

HASTA

jusqu'à	temps	hasta el siglo veinte *jusqu'au XXème siècle*
	lieu	te acompaño hasta tu casa *je t'accompagne jusqu'à chez toi*
	nombre	puede haber hasta cien personas *il peut y avoir jusqu'à cent personnes*
même		hasta los niños quieren acompañarnos *même les enfants veulent venir avec nous*

INCLUSO

même	incluso mi padre está de acuerdo *même mon père est d'accord*

MEDIANTE

à l'aide de, *grâce à*	lo consiguió mediante la ayuda de sus amigos *il y est parvenu grâce à l'aide de ses amis*

LES PRÉPOSITIONS

PARA

pour, afin de	but	salió para lavar el coche *il est sorti pour laver la voiture*
		para cortar la cuerda *pour couper la corde*
		estudió para cura *il a étudié pour devenir curé*
pour	personne, etc.	cuesta demasiado para mí *c'est trop cher pour moi*
		el cálculo no es difícil para ella *le calcul n'est pas difficile pour elle*
	direction	se fueron para Estados Unidos *ils sont partis pour les États-Unis*
	temps	quiero ese trabajo para mañana *je veux ce travail pour demain*
	concession	para ser español, habla muy bien francés *pour un Espagnol, il parle très bien français*
d'ici	temps	para entonces ya me habré marchado *d'ici là je serai parti*
selon	opinion	para él, es una pérdida de tiempo *selon lui, c'est une perte de temps*

POR

par	agent	la reparación fue terminada por el jefe *la réparation a été terminée par le patron*
	lieu	vive por aquí *il habite par ici*
		pasaron por Valencia *ils sont passés par Valence*
		lo echó por la ventana *il l'a jeté par la fenêtre*

LES PRÉPOSITIONS

	moyen	por mí se informaron sobre el desastre *ils ont appris le désastre par mon intermédiaire*
		por avión, por teléfono *par avion, par téléphone*
	distributif	cien euros por persona *cent euros par personne*
	fréquence	tres veces por semana *trois fois par semaine*
	cause	por amor lo siguió a España *elle l'a suivi en Espagne par amour*
pendant	durée	habló por dos minutos *il a parlé pendant deux minutes*
		ocurrió el robo el domingo por la noche *le cambriolage a eu lieu dimanche pendant la nuit*
dans	lieu	rodaron por las cercanías *ils ont erré dans les environs*
pour	prix	vendió el coche por mil euros *il a vendu la voiture (pour) mille euros*
à	distributif	cincuenta kilómetros por hora *cinquante kilomètres à l'heure*
	(avec estar)	los platos están por lavar *les plats sont encore à laver*
pour, parce que	cause	por no estudiar no aprobó el examen *il a échoué à l'examen parce qu'il n'avait pas étudié*
		lo castigaron por haber mentido *ils l'ont puni pour avoir menti*
fois	multiplication	dos por dos son cuatro *deux fois deux font quatre*
sur le point de	(avec estar)	estoy por salir *je suis sur le point de sortir*

LES PRÉPOSITIONS

SEGÚN

selon

según él, es peligroso
selon lui c'est dangereux

los precios varían según la época del año
les prix varient selon l'époque de l'année

SIN

sans

continuaremos sin su ayuda
nous continuerons sans votre aide

sin saber
sans savoir

SOBRE

sur	lieu	las tazas están sobre la mesa *les tasses sont sur la table*
	sujet	he leído un artículo sobre la guerra *j'ai lu un article sur la guerre*
au-dessus de	lieu	el avión voló sobre las montañas *l'avion a volé au-dessus des montagnes*
vers	temps	vendrá sobre las siete *il viendra vers sept heures*

TRAS

après	temps	tras una reunión de tres horas *après une réunion de trois heures*
	succession	uno tras otro *l'un après l'autre*

Les prépositions

LES PRÉPOSITIONS COMPOSÉES

acerca de	(au sujet) de	me habló el jefe acerca del empleado *le patron m'a parlé de l'employé*
a causa de	à cause de	no salimos a causa de la tormenta *nous ne sortons pas à cause de la tempête*
a favor de	en faveur de, pour	¿estás a favor de la energía nuclear? *es-tu pour l'énergie nucléaire ?*
a fuerza de	à force de	lo consiguió terminar a fuerza de trabajar noche y día *il est parvenu à le terminer à force de travailler jour et nuit*
a lo largo de	tout au long de	hay flores a lo largo del río *il y a des fleurs tout le long de la rivière* a lo largo del mes de agosto *tout au long du mois d'août*
a pesar de	malgré	salieron a pasear a pesar de la lluvia *ils sont sortis faire une promenade malgré la pluie*
a por	(but)	voy a por hielo *je vais chercher de la glace*
a través de	à travers, par	la luz entra a través de la ventana *la lumière entre par la fenêtre*
además de	ainsi que	compré pan además de mantequilla *j'ai acheté du pain ainsi que du beurre*
alrededor de	environ	gana alrededor de cien euros al día *il gagne environ cent euros par jour*
	autour de	las casas están situadas alrededor de la iglesia *les maisons sont situées autour de l'église*
antes de	avant (de) (temps)	llámame antes de las tres *appelle-moi avant trois heures*

LES PRÉPOSITIONS

		antes de entrar dejen salir *laisser les passagers descendre avant de monter*
cerca de	*près de* (lieu)	la casa está cerca del colegio *la maison est près de l'école*
	(approximation)	tiene cerca de mil ovejas *il a près de mille moutons*
debajo de	*sous*	se pararon debajo del árbol *ils se sont arrêtés sous l'arbre*
delante de	*devant*	el coche se detuvo delante del hotel *la voiture s'est arrêtée devant l'hôtel*
dentro de	*dans* (position)	encontró un regalo dentro del paquete *elle a trouvé un cadeau dans le paquet*
	(temps)	nos vamos dentro de dos semanas *nous partons dans deux semaines*
después de	*après*	salió después de terminar su trabajo *il est sorti après avoir fini son travail*
		después de las dos *après deux heures*
		después de todo *après tout*
detrás de	*derrière*	el bar se encuentra detrás del mercado *le bar se trouve derrière le marché*
en lugar de/ en vez de	*au lieu de*	en lugar de telefonear, les escribió *il leur a écrit au lieu de leur téléphoner*
en medio de	*au milieu de*	paró en medio de la plaza *il s'est arrêté au milieu de la place*
encima de	*sur*	colocó el vaso encima de la mesa *elle a mis le verre sur la table*
enfrente de	*en face de*	la iglesia está enfrente del ayuntamiento *l'église est en face de la mairie*

LES PRÉPOSITIONS

fuera de	à part	fuera de los de al lado, no conozco a nadie
		à part mes voisins d'à côté, je ne connais personne
	en dehors de	la granja está situada fuera de la aldea
		la ferme est en dehors du village
lejos de	loin de	la iglesia no está lejos de la escuela
		l'église n'est pas loin de l'école
		lejos de acatar la ley...
		loin de respecter la loi...
por medio de	par (le biais de)	consiguió obtener el dinero por medio de un embuste
		il a réussi à obtenir l'argent par la ruse

B "A" DEVANT LE COMPLÉMENT D'OBJET DIRECT

Si le complément d'objet direct d'un verbe est une personne en particulier ou un groupe de personnes bien défini, il est primordial de le faire précéder en espagnol de la préposition a.

Il convient de bien comprendre que ce a ne transforme pas le complément d'objet direct en un complément d'objet indirect. Ce a ne se traduit pas en français :

veo a mi hermano
je vois mon frère

encontré a mi amiga Luisa
j'ai rencontré mon amie Luisa

Si le complément d'objet direct est une personne, mais pas une personne en particulier, on n'emploie pas le a :

buscamos un médico
nous cherchons un médecin

Il ne s'agit pas d'un médecin en particulier, mais de n'importe quel médecin.

La préposition a s'emploie aussi avec certains pronoms se rapportant aux personnes, même s'il ne s'agit pas de personnes en particulier :

conozco a alguien que puede ayudarte
je connais quelqu'un qui peut t'aider

LES PRÉPOSITIONS

La préposition **a** s'emploie aussi avec les animaux, si l'on fait référence à un animal en particulier :

llevé **a** mi perro a dar un paseo
j'ai sorti mon chien

C NE CONFONDEZ PAS…

Il convient d'insister sur certains couples ou groupes de prépositions qui, si on les confond, peuvent être source d'erreur.

1 Por et para

De façon générale, on peut dire que **por** fait référence à la cause, tandis que **para** fait référence au but, à la destination. Cependant, les deux peuvent servir à traduire "pour", c'est pourquoi il faut être prudent.

Les brefs exemples suivants, qui se traduisent tous les deux par "je le fais pour mon frère", permettront de préciser la différence :

lo hago por mi hermano

Dans cet exemple, **mi hermano** est la **cause** de l'action : celle-ci est effectuée **parce que** le frère du locuteur lui a demandé de faire quelque chose, l'a obligé à le faire, avait besoin d'aide, etc.

lo hago para mi hermano

Mi hermano est ici le **destinataire**, le bénéficiaire de l'action : celle-ci est effectuée **dans le but de** rendre service au frère, de lui assurer un avantage, etc.

De même la question ¿**por qué** hiciste esto? demande une explication quant à ce qui a provoqué l'action (réponse : **porque** me lo pidió Ana, **porque** me daba la gana, etc.), tandis que la question ¿**para qué** hiciste esto? demande une explication concernant l'intention (réponse : **para** ayudar a mi madre, **para que** me dejaran tranquilo, etc.). Les deux se traduisent par "pourquoi as-tu fais cela ?".

Autres exemples mettant en évidence la différence entre **por** et **para** (remarquez que, bien que les notions de base restent les mêmes, "pour" n'est pas toujours la meilleure traduction en français) :

lo hice **por** necesidad
je l'ai fait par nécessité

cometió el error **por** cansancio
il a fait cette erreur à cause de la fatigue

lo dejaron **para** otro día
elles ont laissé cela pour un autre jour

estamos estudiando **para** un examen
nous étudions en vue d'un examen

a) *On utilise toujours* **por** :

- pour exprimer une idée d'échange :

    pagué cien euros **por** esta radio
    j'ai payé cette radio cent euros

    voy a cambiar este libro **por** otro
    je vais échanger ce livre contre un autre

- pour introduire la personne ou la chose (l'agent) par laquelle l'action a été faite (voix passive) :

    el edificio fue inaugurado **por** el rey Juan Carlos
    l'édifice a été inauguré par le roi Juan Carlos

- dans les expressions de temps, où il se traduit par "pendant" ou "pour" :

    ¿me dejas tu bici **por** un par de días?
    tu me prêtes ton vélo pour deux ou trois jours ?

b) *On utilise toujours* **para** :

- pour dire "en ce qui concerne", "du point de vue de" :

    este libro es demasiado difícil **para** mí
    ce livre est trop difficile pour moi

    tal situación sería inaceptable **para** España
    une telle situation serait inacceptable pour l'Espagne

- pour dire "avant", "d'ici à" :

    necesitamos las mercancías **para** finales de octubre
    il nous faut les marchandises d'ici fin octobre

Les prépositions

2 A et en

De façon générale, **a** indique un mouvement **vers** une chose ou un lieu, tandis que **en** indique l'emplacement **dans** ou **sur** une chose ou un endroit. La différence est généralement claire en français, mais des difficultés peuvent se présenter lorsqu'il s'agit de traduire la préposition "à" :

voy **a** París
je vais à Paris

tengo que encontrar a Juan **en** París
je dois voir Juan à Paris

Juan está **en** casa
Juan est à la maison

vi este ordenador **en** la feria de muestras
j'ai vu cet ordinateur à la foire-exposition

3 Antes de, delante de, ante

Antes de fait le plus souvent référence à la notion de temps :

llegamos antes de medianoche
nous sommes arrivés avant minuit

En espagnol de tous les jours, **antes de** peut faire référence au lieu (l'idée de "avant d'arriver à" reste sous-entendue) :

la iglesia está antes del cruce
l'église est avant le carrefour

Delante de fait référence à l'emplacement :

el buzón está delante de Correos
la boîte à lettres est devant la poste

Ante fait référence à la position du point de vue psychologique et s'utilise le plus souvent avec des noms exprimant une notion abstraite. **Ante** exprime plus ou moins la même idée que "devant" utilisé dans ce contexte en français, ou que l'expression "face à" :

el gobierno no sabía cómo reaccionar ante este problema
le gouvernement ne savait pas comment réagir face à/devant ce problème

LES PRÉPOSITIONS

Il existe quelques expressions toutes faites dans lesquelles **ante** peut faire référence à l'emplacement, mais celles-ci sont très peu nombreuses et se rapportent souvent à un contexte légal :

compareció ante el juez
elle a comparu devant le juge

15 LES CONJONCTIONS

A FORMES

1 Les conjonctions simples

Les conjonctions simples consistent en un mot unique. Les plus courantes sont les suivantes :

aunque	*bien que, même si*
como	*comme (raison)*
conforme	*à mesure que*
conque	*alors, donc*
cuando	*quand, lorsque*
e	*et*
mas*	*mais*
mientras	*pendant que, tandis que*
ni	*ni*
o	*ou*
pero	*mais*
porque	*parce que*
pues	*puisque*
que	*que/car*
según	*selon ce que/à mesure que*
si	*si*
u	*ou*
y	*et*

***Mas** est de nos jours réservé à un niveau de langue soutenu, le mot courant signifiant "mais" étant **pero**.

aunque viven en el campo, van mucho al cine y al teatro
bien qu'ils vivent à la campagne, ils vont beaucoup au cinéma et au théâtre

le gustaría trabajar aunque no ganase mucho dinero
elle voudrait travailler même si elle ne gagne pas beaucoup d'argent

contestaremos a las cartas conforme/según las vayamos recibiendo
nous répondrons aux lettres à mesure que nous les recevrons

¡ya hay bastante ruido, conque no empieces a gritar tú también!
il y a déjà assez de bruit, alors ne commence pas à crier toi aussi !

LES CONJONCTIONS

los niños jugaban mientras su madre se ocupaba de la casa
les enfants jouaient pendant que leur mère s'occupait de la maison

ya sabes que no es posible
tu sais bien que ce n'est pas possible

¡no grites tanto, que ya te oigo!
ne crie pas comme ça, je ne suis pas sourd !

según me contaron, se van a casar
d'après ce qu'on m'a dit, ils vont se marier

2 Les conjonctions composées

Ces conjonctions consistent en deux mots ou plus, le dernier étant généralement que :

a condición de que	*à condition que*
a fin de que	*afin que*
a medida que	*à mesure que*
a menos que	*à moins que*
a no ser que	*à moins que*
a pesar de que	*bien que*
antes de que	*avant que*
así como	*de même que*
así que	*de sorte que, alors*
aun cuando	*quand bien même*
con tal que	*pourvu que, à condition que*
dado que	*étant donné que*
de manera que	*si bien que, de sorte que*
de modo que	*si bien que, de sorte que*
desde que	*depuis que*
después de que	*après que*
en caso de que	*au cas où*
en cuanto	*dès que, aussitôt que*
es decir	*c'est-à-dire, autrement dit*
hasta que	*jusqu'à ce que*
mientras que	*tandis que, alors que (opposition)*
mientras tanto	*pendant ce temps*
no obstante	*cependant, toutefois*
o sea	*c'est-à-dire, autrement dit*
para que	*pour que*
por consiguiente	*par conséquent*
por lo tanto	*par conséquent*
por si	*au cas où*
puesto que	*puisque*
salvo que	*sauf que, si ce n'est que/sauf si*
siempre que	*du moment que, pourvu que/chaque fois que*

LES CONJONCTIONS

sin embargo	*cependant, toutefois*
tan pronto como	*dès que, aussitôt que*
ya que	*puisque*

puedes intentarlo **a condición de que**/**con tal de que**/**siempre que** seas muy prudente
tu peux toujours essayer à condition d'être très prudent

a fin de que la producción aumente, el director ha contratado a más obreros
afin d'augmenter la production, le directeur a embauché plus d'ouvriers

pararemos ahora, **a menos que**/**a no ser que** tú quieras seguir un poco
on va arrêter, à moins que tu ne veuilles continuer un peu

lo hizo **a pesar de que** se lo habían prohibido sus padres
il l'a fait bien que ses parents le lui aient interdit

¡corre **antes de que** llegue el profesor!
échappe-toi avant que le professeur n'arrive !

hoy estoy sola, **así que** si quieres podemos salir
aujourd'hui je suis seule, alors si tu veux on peut sortir

llama **en cuanto** llegues
appelle dès que tu arriveras

no se habían entrenado ; **no obstante**/**sin embargo**, ganaron la carrera
ils ne s'étaient pas entraînés ; cependant, ils ont gagné la course

tengo que irme – ¿**o sea que** no podrás acudir a la reunión?
il faut que j'y aille – autrement dit tu ne pourras pas venir à la réunion ?

llévate el paraguas **por si** llueve
emporte ton parapluie au cas où il pleuvrait

iremos de excursión, **salvo que** llueva
nous ferons une excursion, sauf s'il pleut

siempre que la llamo, me cuenta su vida
chaque fois que je l'appelle, elle me raconte sa vie

tan pronto como lleguemos, iremos al restaurante
dès que nous arriverons nous irons au restaurant

ya que estás de pie, pásame un plato, por favor
puisque tu es debout, passe-moi une assiette, s'il te plaît

LES CONJONCTIONS

3 Les conjonctions de corrélation

Les conjonctions de corrélation marchent par paires et sont employées pour relier deux idées étroitement associées :

apenas... (cuando)	à peine... que
bien... bien	soit... soit, ou... ou
ni... ni	ni... ni
no... pero sí	ne... pas... mais
no... sino	non pas... mais
no sólo... sino que también	non seulement... mais en plus
o (bien)... o (bien)	soit... soit, ou... ou
(ya) sea... (ya) sea/o	soit... soit, que ce soit... ou
tanto... como	tant... que

apenas habíamos empezado a comer, cuando sonó el teléfono
nous avions à peine commencé à manger que le téléphone a sonné

puedes explicárselo bien al director, bien a la secretaria
tu peux l'expliquer soit au directeur, soit à la secrétaire

no están contentos ni los sindicatos ni los empresarios
ni les syndicats, ni les employeurs ne sont contents

este coche no es rápido, pero sí que es fiable
cette voiture ne va pas vite, mais elle est fiable

no se llama Pedro, sino Pietro
il ne s'appelle pas Pedro mais Pietro

no sólo me insultaron, sino que también me golpearon
non seulement ils m'ont insulté, mais en plus ils m'ont frappé

¡o lo haces o me voy!
ou tu le fais, ou je m'en vais !

ganaremos, ya sea con el equipo de siempre o con nuevos jugadores
nous gagnerons, que ce soit avec l'équipe habituelle ou avec de nouveaux joueurs

tanto tú como yo
toi comme moi

B EMPLOI

1 Les conjonctions y et e

E remplace y devant un mot commençant par i ou hi :

LES CONJONCTIONS

María e Isabel son hermanas
María et Isabel sont sœurs

2 Les conjonctions o et u

U remplace o devant un mot commençant par o ou ho :

¿sabes si van a venir Teresa u Óscar?
sais-tu si Teresa ou Óscar vont venir ?

Dans la presse espagnole, o est souvent écrit ó lorsqu'il relie des chiffres afin d'éviter toute confusion avec le chiffre o :

60 ó 70
60 ou 70

3 No... sino

Sino s'oppose à une négation précédemment exprimée, là où le français emploie "mais".

Attention donc à ne jamais traduire "non pas... mais" par no... pero.

Voir aussi la négation d'une affirmation précédente pages 237-8.

4 Que

Outre l'emploi élémentaire de que en tant que conjonction de subordination (ya sabes que no es posible ; espero que te repongas pronto), il peut également s'employer avec une valeur causale, comme dans ¡no grites tanto, que ya te oigo!

5 Salvo que

salvo que + indicatif = *sauf que, si ce n'est que*

salvo que + subjonctif = *sauf si*

Comme toujours en espagnol, l'emploi du subjonctif indique une condition qui n'est pas (encore) réalisée (salvo que llueva = *sauf s'il pleut* = on ne sait pas s'il pleuvra), tandis que l'indicatif s'applique à une situation déjà établie (salvo que no tengo dinero = *sauf que je n'ai pas d'argent* = je n'ai effectivement pas d'argent).

LES CONJONCTIONS

6 Subjonctif ou indicatif ?

La même règle s'applique aux conjonctions qu'aux autres éléments de la phrase espagnole : elles sont suivies de l'indicatif si elles introduisent un fait constaté, et du subjonctif si elles introduisent une condition qui n'est pas (encore) réalisée.

Ainsi, toutes les conjonctions temporelles suivies d'un futur en français seront suivies d'un subjonctif en espagnol puisque les situations qu'elles introduisent ne sont pas (encore) réalisées ; c'est le cas de antes de que, hasta que, etc. C'est également le cas de cuando lorsqu'il introduit un futur en français (mais pas dans les autres cas, tels que cuando vamos de vacaciones, dejamos a los niños en casa de mis padres *quand nous partons en vacances, nous laissons les enfants chez mes parents*).

De même, les conjonctions introduisant une condition (aun cuando, con tal de que, etc.) ou une finalité (para que, a fin de que) sont toujours suivies du subjonctif.

En revanche, les propositions causales introduites par des conjonctions telles que porque, dado que, ya que, etc., ont un verbe à l'indicatif, la cause étant un événement dont l'existence est établie.

Même chose pour les conjonctions introduisant une conséquence (por consiguiente, por lo tanto, etc.).

Pour l'emploi de l'indicatif ou du subjonctif après aunque, voir pages 235-6.

16 LES NOMBRES, LA DATE, L'HEURE, ETC.

A FORMES

1 Les nombres cardinaux

0	cero	31	treinta y uno/una
1	uno, una, un	32	treinta y dos
2	dos	40	cuarenta
3	tres	41	cuarenta y uno/una
4	cuatro		
5	cinco	42	cuarenta y dos
6	seis	50	cincuenta
7	siete	60	sesenta
8	ocho	70	setenta
9	nueve	80	ochenta
10	diez	90	noventa
11	once	100	ciento, cien
12	doce	101	ciento uno/una
13	trece	102	ciento dos
14	catorce	110	ciento diez
15	quince	120	ciento veinte
16	dieciséis	121	ciento veintiuno/a
17	diecisiete		
18	dieciocho	122	ciento veintidós
19	diecinueve	130	ciento treinta
20	veinte	131	ciento treinta y uno/una
21	veintiuno/a		
22	veintidós	132	ciento treinta y dos
23	veintitrés		
24	veinticuatro	150	ciento cincuenta
25	veinticinco	200	doscientos/as
26	veintiséis	201	doscientos/as uno/una
27	veintisiete		
28	veintiocho	202	doscientos/as dos
29	veintinueve	300	trescientos/as
30	treinta	400	cuatrocientos/as

LES NOMBRES, LA DATE, L'HEURE, ETC.

500	quinientos/as	5000	cinco mil
600	seiscientos/as	6000	seis mil
700	setecientos/as	7000	siete mil
800	ochocientos/as	8000	ocho mil
900	novecientos/as	9000	nueve mil
1000	mil	10000	diez mil
1001	mil uno/una	200 000	doscientos mil
1002	mil dos	300 000	trescientos mil
2000	dos mil	600 000	seiscientos mil
3000	tres mil	1 000 000	un millón
4000	cuatro mil	2 000 000	dos millones

a) *Autres formes*

Il existe d'autres formes pour les nombres de 16 à 19 ; celles-ci s'écrivent en trois mots distincts :

diez y seis, diez y siete, diez y ocho, diez y nueve

Il convient toutefois de préciser que ces formes sont maintenant rarement employées.

b) *Emploi de* y

La conjonction y est toujours présente entre les dizaines et les unités (sauf dans les formes contractées dieciséis, diecisiete, dieciocho, diecinueve, veintiuno, etc.).

Mais après les centaines et les milliers, il n'y a jamais de conjonction :

ciento dos años
cent deux ans

tres mil cinco personas
trois mille cinq personnes

c) *L'apocope de certains nombres*

Uno devient un lorsqu'il est suivi d'un nom masculin ou d'un adjectif + nom masculin :

treinta y un meses
trente et un mois

doscientos un días
deux cent un jours

Ciento devient cien lorsqu'il est suivi d'un nom, d'un adjectif + nom, ou des numéraux mil et millones :

cien panes
cent pains

cien buenos días
cent bons jours

LES NOMBRES, LA DATE, L'HEURE, ETC.

cien mil hojas
cent mille feuilles

cien millones de euros
cent millions d'euros

d) *Les accords*

Les nombres cardinaux sont invariables sauf les centaines à partir de 200 et les nombres se terminant par -uno :

doscient**as** personas
deux cents personnes

quinient**os** cincuenta euros
cinq cent cinquante euros

veinti**una** páginas
vingt et une pages

ciento **una** cosas
cent une choses

Remarquez que les nombres cardinaux qui se terminent par -uno ne s'accordent qu'en genre.

e) *Les accents*

Des accents écrits sont nécessaires pour les nombres suivants :

veintidós

veintitrés

veintiséis

veintiún años
vingt et un ans

ainsi que pour :

dieciséis

f) On arrête de compter par centaines à 900 ; l'équivalent de "onze cents" ou "douze cents" n'existe donc pas en espagnol :

1966	mil novecientos sesenta y seis *mille neuf cent soixante-six/dix-neuf cent soixante-six*
1200 euros	mil doscientos euros *mille deux cents euros/douze cents euros*

2 Les nombres ordinaux

primero/a	premier/ère	sexto/a	sixième
segundo/a	deuxième	séptimo/a	septième
tercero/a	troisième	octavo/a	huitième
cuarto/a	quatrième	noveno/a	neuvième
quinto/a	cinquième	décimo/a	dixième

a) Les nombres ordinaux sont des adjectifs et, en tant que tels, s'accordent avec les noms auxquels ils se rapportent, comme en français :

LES NOMBRES, LA DATE, L'HEURE, ETC.

la segunda casa
la deuxième maison

la séptima semana
la septième semaine

b) Primero et tercero deviennent primer et tercer avant un nom masculin singulier :

el primer tren
le premier train

el tercer coche
la troisième voiture

3 Les jours, les mois et les saisons

Les jours de la semaine :

el lunes	*lundi*	el viernes	*vendredi*
el martes	*mardi*	el sábado	*samedi*
el miércoles	*mercredi*	el domingo	*dimanche*
el jueves	*jeudi*		

Les mois :

enero	*janvier*	julio	*juillet*
febrero	*février*	agosto	*août*
marzo	*mars*	se(p)tiembre	*septembre*
abril	*avril*	octubre	*octobre*
mayo	*mai*	noviembre	*novembre*
junio	*juin*	diciembre	*décembre*

Les saisons :

la primavera	*le printemps*	el otoño	*l'automne*
el verano	*l'été*	el invierno	*l'hiver*

 EMPLOI

1 Les nombres cardinaux

Remarquez que, bien que la plupart des nombres soient invariables (c'est-à-dire que leurs formes ne changent jamais), uno et toutes les centaines de 200 à 900 compris prennent la marque du féminin. C'est une faute très répandue que de ne pas faire l'accord pour ces centaines :

acudieron doscientas personas
deux cents personnes sont venues

Uno s'accorde aussi en genre lorsqu'il fait partie d'un nombre composé, comme c'est le cas pour "un" en français :

Les nombres, la date, l'heure, etc.

veintiuna faltas de ortografía
vingt et une fautes d'orthographe

(On entend parfois dire veintiuna falta en espagnol de tous les jours, mais il s'agit là d'un usage à ne pas imiter).

Remarque :

Il n'y a pas d'équivalent espagnol pour le nom français "milliard". On traduit "milliard" en espagnol par mil millones. Attention : le mot espagnol millar signifie "millier".

el gobierno invertirá mil millones de euros
le gouvernement investira un milliard d'euros

Le mot millardo a été récemment introduit mais les Espagnols préfèrent utiliser mil millones.

2 Les nombres ordinaux

Ceux-ci sont rarement employés au-delà de décimo, et sont alors souvent remplacés par des nombres cardinaux qui se placent **après** le nom :

vivo en el tercer piso
j'habite au troisième étage

mais :

vivía en el piso doce
j'habitais au douzième étage

en el siglo veinte
au vingtième siècle

3 Pour exprimer des quantités approximatives

On exprime un nombre approximatif pour n'importe quel multiple de dix, en supprimant la dernière voyelle et en y ajoutant le suffixe -ena. Cependant, ces nombres sont d'un emploi très rare au-delà de 40 :

una veintena de muchachos
une vingtaine de garçons

Certains autres nombres, également formés de cette façon, sont devenus des noms à part entière en espagnol, comme en français :

una docena
une douzaine

una quincena
une quinzaine de jours

LES NOMBRES, LA DATE, L'HEURE, ETC.

Les formes correspondantes de ciento et mil sont centenar et millar, bien que l'on puisse aussi employer cientos et miles :

vinieron millares/miles de hinchas
des milliers de fans sont venus

Attention : c'est une faute fréquente que de traduire millar par "milliard" en français.

Les nombres approximatifs peuvent aussi s'exprimer à l'aide de divers termes comme en torno a, alrededor de, aproximadamente, más o menos, ou l'article du pluriel unos (a eso de n'est employé que pour faire référence à l'heure) :

había aproximadamente cincuenta personas en la sala
il y avait une cinquantaine de personnes dans la pièce

llegaron unos diez hombres
une dizaine d'hommes sont arrivés

tardé unas tres horas
cela m'a pris environ trois heures

Notez aussi les tournures suivantes :

se lo dije hasta veinte veces
j'ai bien dû le lui dire vingt fois

por lo menos doscientos
au moins deux cents

cuarenta y tantos
une quarantaine

unos pocos, unos cuantos
quelques, quelques-uns

4 Les fractions et les nombres décimaux

a) *Les fractions*

On n'emploie aucun article devant l'adjectif medio :

esperamos ø media hora
nous avons attendu pendant une demi-heure

Notez que medio s'accorde en genre avec le nom auquel il se rattache :

dos horas y media
deux heures et demie

seis millones y medio de turistas franceses
six millions et demi de touristes français

b) *Les nombres décimaux*

Comme en français, on indique en espagnol la fraction décimale à l'aide d'une virgule :

LES NOMBRES, LA DATE, L'HEURE, ETC.

dos coma siete por ciento (2,7 %)
deux virgule sept pour cent

À l'oral, le mot coma est souvent remplacé par con :

cinco con cuatro millones (5,4 millones)
cinq virgule quatre millions

5 L'heure

On exprime l'heure de la façon suivante :

¿qué hora es?	es la una
quelle heure est-il ?	*il est une heure*
son las tres	son las diez
il est trois heures	*il est dix heures*

On emploie les articles définis au féminin parce que les mots hora ou horas sont sous-entendus.

On indique les minutes de la façon suivante :

son las tres y cinco	*il est trois heures cinq*
son las siete y cuarto	*il est sept heures un quart*
son las ocho y veinticinco	*il est huit heures vingt-cinq*
son las once y media	*il est onze heures et demie*
es la una menos diez	*il est une heure moins dix*
son las cuatro menos cuarto	*il est quatre heures moins le quart*

"À" se traduit par a :

a mediodía, a medianoche	*à midi, à minuit*
a las seis y diez	*à six heures dix*

Notez également les expressions suivantes :

a las diez en punto	*à dix heures pile*
a eso de las ocho	*vers huit heures*
a las tres y pico	*peu après trois heures*
¿qué hora tienes?	*quelle heure as-tu ?*
tengo las ocho	*il est huit heures (à ma montre)*
daban las diez	*dix heures sonnaient*

Afin de préciser l'heure, la journée est divisée en sections :

la madrugada	*de minuit à l'aube*
la mañana	*de l'aube à midi*
el mediodía	*de midi au début de l'après-midi*
la tarde	*du début de l'après-midi à la tombée de la nuit*
la noche	*de la tombée de la nuit à minuit*

LES NOMBRES, LA DATE, L'HEURE, ETC.

Madrugada peut être remplacé par **mañana**. L'emploi de **madrugada** sert à insister sur le fait que le locuteur considère qu'il est très tôt le matin ou très tard dans la nuit :

me levanté/me acosté a las dos de la madrugada
je me suis levé/je me suis couché à deux heures du matin

a las tres de la madrugada	*à trois heures du matin*
a las diez de la mañana	*à dix heures du matin*
a la una del mediodía	*à une heure de l'après-midi*
a las cinco de la tarde	*à cinq heures de l'après-midi*
a las diez de la noche	*à dix heures du soir*

Pour indiquer des horaires (de train, d'autobus, etc.), ainsi que dans les annonces de nature officielle, on emploie aussi les heures de 13 à 24, mais ce n'est pas le cas dans la conversation courante :

a las quince treinta y cinco
à quinze heures trente-cinq

Si l'on ne spécifie pas l'heure, on peut indiquer le moment de la journée en employant la préposition **por** :

salieron por la mañana
ils sont sortis ce/le matin

volveremos por la tarde
nous reviendrons cet/l'après-midi

Notez aussi :

anoche	*hier soir, la nuit dernière*
ayer	*hier*
antes de ayer/anteayer	*avant-hier*
mañana	*demain*
pasado mañana	*après-demain*
ayer por la mañana	*hier matin*
mañana por la noche	*demain soir*
dos veces por hora	*deux fois par heure*
ochenta kilómetros por hora	*quatre-vingts kilomètres à l'heure*

6 Les jours de la semaine

Voir page 206 la liste des jours, des mois et des saisons.

En espagnol, pour parler d'un jour en particulier, on emploie l'article défini masculin au singulier. Pour traduire l'idée de "tous les" on emploie l'article défini masculin au pluriel :

Les nombres, la date, l'heure, etc.

fuimos al cine **el** sábado
nous sommes allées au cinéma samedi

vamos a la playa **los** domingo**s**
nous allons à la plage le dimanche

el lunes por la mañana
lundi matin

los lunes por la mañana
le lundi matin

Notez aussi :

el miércoles pasado
mercredi dernier

el sábado que viene
samedi prochain

dos veces **al** día
deux fois par jour

cinco veces **a la** semana
cinq fois par semaine

7   La date

"Le premier..." peut se traduire par **el primero de...** ou **el uno de...** Toutes les autres dates ne s'expriment qu'à l'aide du nombre cardinal qui convient.

"Le..." se traduit simplement par l'article défini masculin, ou en faisant précéder le nombre de **el día**, sauf au début d'une lettre, où l'on ne met pas d'article :

¿**a cuántos** estamos hoy?/¿**a qué día del mes** estamos?/¿qué día es hoy?
quelle est la date d'aujourd'hui ?/le combien sommes-nous aujourd'hui ?

hoy estamos **a** dos
aujourd'hui, nous sommes le deux

salieron **el día** 9
ils sont partis le 9

llegaremos el 12 de febrero
nous arriverons le 12 février

Lorsque l'on écrit la date en toutes lettres, le mois et l'année sont introduits par **de** :

el quince **de** octubre **de** mil ochocientos ochenta y ocho
le quinze octobre mille huit cent quatre-vingt-huit

Notez aussi les tournures suivantes :

el siglo veinte
le vingtième siècle

el siglo dieciocho
le dix-huitième siècle

en los años treinta
dans les années trente

la España de los años ochenta
l'Espagne des années quatre-vingts

LES NOMBRES, LA DATE, L'HEURE, ETC.

a principios/primeros de enero
(au) début janvier

a mediados de marzo
à la mi-mars

a finales/fines de octubre
(à la) fin octobre

en lo que va de año
jusqu'à présent cette année

a lo largo del año
tout au long de l'année

dos veces al mes
deux fois par mois

cuatro veces al año
quatre fois par an

8 Les saisons

Comme en français, les noms de saisons sont précédés de l'article défini, sauf si l'on emploie la préposition en :

la primavera es muy agradable en España
le printemps est très agréable en Espagne

iremos a España en otoño
nous irons en Espagne en automne

9 L'âge

L'âge s'exprime de la façon suivante :

¿cuántos años tienes?
quel âge as-tu ?

¿qué edad tiene tu hermano?
quel âge a ton frère ?

tengo diecisiete años
j'ai dix-sept ans

Notez les expressions suivantes :

ronda los cuarenta
elle a la quarantaine

hoy cumplo veinte años
j'ai vingt ans aujourd'hui

la juventud
la jeunesse, les jeunes

la tercera edad
le troisième âge

10 Quelques expressions de temps

hoy en día, hoy día
hoy por hoy
en la actualidad
a corto/medio/largo plazo
hace diez años
diez años antes
a partir de ahora

actuellement, de nos jours
de nos jours
à l'heure actuelle
à court/moyen/long terme
il y a dix ans
dix ans plus tôt
à partir de maintenant

LES NOMBRES, LA DATE, L'HEURE, ETC.

de aquí/de hoy en adelante	à partir de maintenant, dorénavant
en el futuro	à l'avenir
en el porvenir	à l'avenir
en lo sucesivo *(langage soutenu)*	à l'avenir
en lo venidero *(langage soutenu)*	à l'avenir
en los años venideros	dans les années à venir
al día siguiente	le lendemain
la próxima semana/la semana que viene	la semaine prochaine
la semana pasada	la semaine dernière
la semana siguiente	la semaine suivante
la semana anterior	la semaine précédente

11 Les prix

Comme en français, le prix pour une quantité donnée s'exprime à l'aide de l'article défini :

este vino cuesta dos euros el litro
ce vin coûte deux euros le litre

lo vendían a diez euros el kilo
ils le vendaient dix euros le kilo

Notez aussi les tournures suivantes :

¿cuánto cuestan/valen las manzanas?
¿a cómo se venden las manzanas?
combien coûtent les pommes ?

12 Les mesures

On exprime les mesures en employant soit l'adjectif, soit le nom correspondant à la mesure en question (longueur, hauteur, largeur, etc.) :

¿cuál es la altura del muro?
combien le mur fait-il de hauteur ?

el muro tiene dos metros de alto/altura
le mur fait deux mètres de haut

la calle tiene cien metros de largo/longitud
la rue fait cent mètres de long

Notez aussi les tournures suivantes :

¿cuánto pesas?   ¿cuánto mides?
combien est-ce que tu pèses ?   *combien est-ce que tu mesures ?*

Les nombres, la date, l'heure, etc.

mide casi dos metros
il mesure presque deux mètres

tiene una superficie de cien metros cuadrados
cela fait cent mètres carrés de superficie

tiene una capacidad de dos metros cúbicos
cela a une capacité de deux mètres cubes

On introduit toujours la distance par la préposition a :

¿a qué distancia está la playa?
à quelle distance se trouve la plage ?

a unos cinco kilómetros
à cinq kilomètres à peu près

13 Les pourcentages

Les pourcentages en espagnol sont toujours précédés d'un article défini ou indéfini. Que l'on emploie l'un ou l'autre ne change rien au sens de la phrase :

la inflación ha aumentado en un diez por ciento
l'inflation a augmenté de dix pour cent

el treinta por ciento de la personas entrevistadas no contestó
trente pour cent des personnes interrogées n'ont pas répondu

En espagnol, on écrit généralement les pourcentages de la façon suivante : 76% ou 76 por ciento.

100% se dit presque toujours cien por cien.

Le pourcentage en fonction duquel un chiffre augmente ou diminue est introduit en espagnol par la préposition en (voir le premier exemple ci-dessus). Voici les verbes les plus fréquemment employés dans ce contexte :

Augmentation :

aumentar, incrementar, crecer, subir

Diminution :

caer, bajar, reducir(se)

hemos reducido nuestros precios en un 15%
nous avons baissé nos prix de 15%

Les nombres, la date, l'heure, etc.

Si l'augmentation ou la diminution ne sont pas exprimées à l'aide d'un pourcentage, on n'emploie généralement pas de préposition :

los precios han bajado treinta céntimos
les prix ont baissé de trente centimes

17 LA STRUCTURE DE LA PHRASE

Il ne faut pas confondre la structure de la phrase avec l'ordre des mots. L'expression "structure de la phrase" fait référence à la place occupée par les différentes **parties qui forment la phrase**, et non à la place de chaque mot. Chacune de ces parties peut se composer de plusieurs mots.

Par exemple dans une phrase comme :

> el padre del amigo de mi hermano | trabaja | en Santander
> *le père de l'ami de mon frère travaille à Santander*

les mots el padre del amigo de mi hermano forment ensemble le sujet du verbe trabaja. Le verbe, lui, occupe la deuxième **place** dans la phrase bien qu'il soit en fait le huitième **mot** de la phrase.

Les éléments les plus importants de toute phrase quelle qu'elle soit sont : le verbe, le sujet du verbe (la personne ou la chose qui fait l'action exprimée par le verbe) et le complément d'objet ou le complément circonstanciel.

Un verbe transitif est un verbe qui peut prendre un complément d'objet. Un verbe intransitif ne peut pas avoir de complément d'objet mais il peut être suivi d'un complément circonstanciel ou d'un attribut.

Il y a bien sûr d'autre éléments (les adverbes, les locutions prépositionnelles, etc.) mais ceux-ci sont moins importants et ne seront pas abordés dans ce chapitre.

1 La structure de la phrase française

Bien que des variations soient possibles, pour des raisons stylistiques notamment, la phrase française typique suit l'ordre sujet – verbe – complément d'objet/complément circonstanciel/attribut ; par exemple : "les garçons | regardent | la télévision", "l'espagnol | est | facile", etc.

LA STRUCTURE DE LA PHRASE

2 La structure de la phrase espagnole

La structure de la phrase est **beaucoup plus souple** en espagnol qu'en français. Ceci ne veut pas dire que l'ordre sujet – verbe – complément d'objet/complément circonstanciel soit rare en espagnol. Au contraire, il s'agit probablement de la structure la plus fréquemment employée en espagnol parlé.

Cependant, c'est là une structure nettement plus dominante en français qu'en espagnol, et un Espagnol placera très souvent le verbe devant le sujet et mettra aussi parfois le complément d'objet devant le verbe.

Il existe peu de règles régissant la structure des phrases en espagnol, mais de façon générale on peut dire que :

- On place un élément vers le début de la phrase pour le mettre en relief ; la toute première place dans la phrase est bien entendu celle qui permet de marquer la plus grande insistance.

- Il est rare que le verbe n'occupe pas la première ou la deuxième place dans la phrase.

Un locuteur espagnol peut choisir telle ou telle structure afin de mettre en relief un élément particulier, mais la plupart du temps c'est le rythme de la phrase qui dicte ce choix. Les rythmes s'acquièrent surtout au contact fréquent d'Espagnols.

3 Exemples de différentes structures de phrases

a) *Sujet – verbe*

mi hermano está estudiando francés
mon frère étudie le français

el coche, ¿está en el garaje?
est-ce que la voiture est dans le garage ?

Le deuxième exemple relève de la langue parlée ; la structure sujet – verbe n'est pas la structure normale des questions simples (voir ci-dessous).

b) *Verbe – sujet*

Cette structure est plus fréquente lorsque le verbe est intransitif,

LA STRUCTURE DE LA PHRASE

à plus forte raison lorsqu'il y a une longue énumération (voir dernier exemple). C'est également la structure normale de l'interrogation simple.

llegaron dos tíos y se pusieron a trabajar
deux types sont arrivés et se sont mis au travail

me lo dijo una vez mi padre
mon père me l'a dit un jour

¿se han ido ya tus amigos?
est-ce que tes amis sont déjà partis ?

se me cayeron los libros, los cuadernos y los lápices
j'ai fait tomber mes livres, mes cahiers et mes crayons

c) *Complément d'objet direct – verbe – sujet*

¿este cuadro lo pintaste tú?
c'est toi qui as peint ce tableau ?

la moto la compramos Juan y yo
c'est Juan et moi qui avons acheté la moto

Remarquez que lorsque le complément d'objet direct se trouve placé devant le verbe (**este cuadro**, **la moto**), le pronom complément d'objet direct (**lo/la**) correspondant **doit** aussi se trouver placé devant le verbe.

d) *L'emploi de la première place dans la phrase pour mettre un élément en valeur*

a mí no me gusta nada
moi je n'aime pas du tout ça

¿ahora quieres comer?
tu veux manger maintenant ?

siempre dice tonterías
il dit toujours des bêtises

así es la vida
c'est la vie

ya me parecía a mí que era ella
il me semblait bien que c'était elle

4 La ponctuation

Souvenez-vous qu'on met un point d'interrogation à l'envers au début d'une interrogation et un point d'exclamation à l'envers au début d'une exclamation (et non pas nécessairement au début de la phrase) :

LA STRUCTURE DE LA PHRASE

¿qué quieres tomar?
qu'est-ce que tu prends ?

y éste, ¿cuánto cuesta?
et celui-ci, combien coûte-t-il ?

estuviste anoche en la discoteca, ¿verdad?
tu étais à la discothèque hier soir, non ?

el público gritó "¡olé!"
le public a crié "olé !"

18 L'ACCENTUATION

En espagnol, les accents écrits indiquent surtout une accentuation à l'**oral**. Si vous savez comment un mot se prononce, vous pouvez savoir, en appliquant quelques règles simples, si ce mot prend un accent écrit, et si oui, où l'accent doit être placé.

1 Les syllabes

Afin de savoir où et quand mettre un accent écrit, il importe de comprendre ce que l'on entend par le mot "syllabe". Une syllabe est un groupe de lettres au sein d'un mot, dont une au moins **doit** être une voyelle. S'il n'y a pas de voyelle, il n'y a pas de syllabe. Dans de nombreux cas, le nombre de syllabes dans un mot est égal au nombre de voyelles.

ca-sa (deux syllabes)   **con-cen-tra-da** (quatre syllabes)

S'il y a une consonne ou plus entre chaque voyelle, comme dans les exemples ci-dessus, la division en syllabes est assez simple. Cependant, la situation est légèrement plus complexe si deux voyelles ou plus se suivent.

En espagnol, on distingue les voyelles fortes et les voyelles faibles :

les **voyelles fortes** sont : a, e et o

les **voyelles faibles** sont : i et u

Les règles qui permettent de déterminer si une suite de deux voyelles ou plus forment une ou plusieurs syllabes sont les suivantes :

a) Lorsque deux voyelles fortes se suivent, elles appartiennent à deux syllabes distinctes :

   pa-se-ar (trois syllabes)   **pe-or** (deux syllabes)

b) Lorsqu'une voyelle forte et une voyelle faible se suivent et qu'il n'y a pas d'accent écrit sur la voyelle faible, elles constituent une

L'ACCENTUATION

diphtongue et une syllabe unique ; c'est la voyelle forte qui est accentuée :

fuer-te (deux syllabes)   **an-cia-no** (trois syllabes)
vie-jo (deux syllabes)

Si l'une des voyelles faibles prend un accent écrit, elle fait partie d'une syllabe distincte :

ha-cí-a (trois syllabes)   **pú-a** (deux syllabes)

c) Lorsque deux voyelles faibles ou plus se suivent, elles ne constituent qu'une seule syllabe et la seconde voyelle est accentuée :

    viu-da (deux syllabes)   **fui** (une syllabe)

d) Les triphtongues ne constituent qu'une seule syllabe et l'accent tonique tombe sur la voyelle médiane :

    U-ru-guay (trois syllabes)   **buey** (une syllabe)

Ces règles s'appliquent uniquement à la **prononciation** et ne sont en rien modifiées par l'orthographe du mot. Par exemple, le o et le i de **prohibir** font partie de la même syllabe, malgré la présence d'un h écrit, mais totalement muet, entre eux. Le e et le u de **rehusar** font partie de la même syllabe, et ce pour la même raison.

2 L'accentuation orale

Tous les mots en espagnol ont une voyelle tonique principale. C'est la place de cette voyelle tonique dans le mot qui permet de déterminer s'il y a ou non un accent écrit. Les règles concernant l'accentuation orale sont les suivantes :

a) L'accent tombe naturellement sur l'avant-dernière syllabe du mot quand :

- le mot se termine par une voyelle :
  lla-mo, re-ba-ño, ve-o, va-rio, re-ci-bie-ra

- le mot se termine par **-n** ou par **-s** :
  can-tan, li-bros, jo-ven

b) L'accent tombe naturellement sur la dernière syllabe lorsque le mot se termine par une consonne autre que -n ou -s :

can-tar, ciu-dad, no-mi-nal

3 Emploi principal de l'accent écrit

On emploie principalement l'accent écrit en espagnol pour indiquer des exceptions aux règles d'accentuation orale données ci-dessus. La prononciation de la voyelle sur laquelle est placé l'accent ne change pas.

Si l'accent tonique tombe là où la règle l'indique, il n'y a pas d'accent écrit. Sinon, un accent écrit est placé sur la voyelle qui est accentuée.

Les règles générales sont donc les suivantes :

- si un mot se terminant par une voyelle, par -n ou par -s n'est pas accentué à l'oral sur l'avant-dernière syllabe, un accent écrit est placé sur la voyelle effectivement accentuée à l'oral :

   menú, región, inglés

- si un mot se terminant par une consonne autre que -n ou -s n'est pas accentué sur la dernière syllabe à l'oral, un accent écrit est placé sur la voyelle effectivement accentuée :

   césped, fácil

De façon plus spécifique, on peut constater que :

- tout mot où l'accent tonique tombe sur l'antépénultième (syllabe précédant l'avant-dernière) ou sur la syllabe qui précède comporte un accent écrit sur la voyelle correspondante quelle que soit sa terminaison :

   música, régimen, enséñaselo

- tout mot se terminant par une voyelle accentuée à l'oral prend un accent sur cette voyelle :

   café, rubí

Dans toute combinaison d'une voyelle faible et d'une voyelle forte dans laquelle la voyelle faible est accentuée, celle-ci prend un accent écrit :

quería, vacío

L'ACCENTUATION

Autres exemples :

accent à sa place naturelle (pas d'accent écrit)		accent déplacé (accent écrit)	
va**ri**as	*plusieurs*	va**rí**as	*tu varies*
conti**nu**o	*continu*	conti**nú**o	*je continue*
a**mar**	*aimer*	**ám**bar	*ambre*
fa**bri**ca	*il fabrique*	**fá**brica	*usine*

> **Remarque :**
>
> Encore une fois, souvenez-vous que c'est la prononciation qui compte et non l'orthographe. L'accent écrit dans prohíbo ou rehúso s'explique par le fait que la voyelle faible dans les syllabes prononcées oi et eu est accentuée, et non pas par la présence du h entre les deux voyelles.

Notez aussi qu'il faut parfois omettre l'accent écrit au pluriel ou bien en ajouter un, selon les cas :

región → regiones
joven → jóvenes

Dans ces quatre mots, l'accent tonique tombe sur le o.

Deux exceptions dans lesquelles l'accent se déplace au pluriel :

carácter → caracteres
régimen → regímenes

4 Emplois secondaires de l'accent écrit

Les autres emplois de l'accent écrit sont les suivants :

- pour différencier deux mots ayant la même orthographe :

el (*le*)	él (*il*)
tu (*ton*)	tú (*toi*)
mi (*mon*)	mí (*moi*)
si (*si*)	sí (*oui*)
de (*de*)	dé (*donne*)
aun (*encore, sens temporel*)	aún (*encore + adverbe, sens intensif*)

- pour indiquer les formes interrogatives et exclamatives de certains pronoms et adverbes :

L'ACCENTUATION

donde (*où*)   ¿dónde? (*où ?*)
quien (*qui*)   ¿quién? (*qui ?*)

- pour différencier les formes pronominales des formes adjectivales des démonstratifs (les pronoms prennent un accent) :

este (*ce/cet... -ci*)   éste (*celui-ci*)
aquella (*cette... -là*)   aquélla (*celle-là*)

Les pronoms neutres ne pouvant être confondus avec aucune autre forme, ils ne prennent pas d'accent : esto, eso, aquello.

5 Le tréma

Seule la lettre u prend le tréma en espagnol (ü). Il n'y a de tréma que dans le cas des combinaisons g-u-e et g-u-i. Le u doit alors être prononcé comme une voyelle distincte. S'il n'y a pas de tréma, on ne prononce pas le u.

la cigüeña	*la cigogne*
la vergüenza	*la honte*
la lingüística	*la linguistique*
el piragüismo	*le canoë*

Comparez les mots précédents avec des mots comme la guerra, la guirnalda et des mots similaires dans lesquels le u n'est pas prononcé.

Notez qu'un tréma doit parfois être ajouté ou omis dans certaines formes de certains verbes, afin que l'orthographe reflète correctement la prononciation du verbe :

averiguo *(indicatif : je me renseigne)*
averigüe *(subjonctif)*

avergonzarse *(infinitif : avoir honte)*
me avergüenzo *(indicatif : j'ai honte)*

argüir *(infinitif : se disputer)*
arguyo *(indicatif : je me dispute)*

Le radical du verbe doit toujours conserver la même prononciation. C'est l'orthographe qui doit s'adapter.

19 COMMUNIQUER EN ESPAGNOL

A L'AFFIRMATION, LE DOUTE, LE DÉMENTI

1 Les affirmations

Les affirmations fonctionnent de la même façon en espagnol et en français.

Il existe cependant plusieurs façons typiquement espagnoles de renforcer l'affirmation :

a) Sí que

Cette locution se place devant le verbe pour le renforcer. Sa traduction peut varier selon le contexte :

¡sí que hace calor!
qu'est-ce qu'il fait chaud !

¡esos sí que son unos caraduras!
ils ont un de ces culots, ceux-là !

b) *Le renforcement de* sí

L'adverbe sí peut être renforcé de diverses manières :

no creo que venga – ¡que sí!
je ne crois pas qu'elle va venir – mais si !

¡claro que sí!
bien sûr (que oui) !

¿lo haces si te dejo el coche? – ¡eso sí!
tu le fais si je te laisse la voiture ? – oui (d'accord) !

2 Les verbes comme pensar, creer, suponer, etc., à la forme négative ou les verbes exprimant le doute ou le démenti à l'affirmative

Si un verbe comme pensar, creer, suponer, etc., est employé à la forme négative ou si on emploie à la forme affirmative un verbe exprimant le doute ou le démenti, le verbe de la proposition subordonnée est au **subjonctif** :

no creo que sea justo decir eso
je ne crois pas qu'il soit juste de dire ça

dudo que consiga hacerlo
je doute qu'il y parvienne

niego absolutamente **que sea** así
je nie absolument que cela soit le cas

Il est important de faire la distinction entre les déclarations d'opinion et le discours indirect. Dans le discours indirect, l'indicatif est toujours employé, que le verbe qui introduit la proposition soit à la forme affirmative ou négative :

yo no digo que el gobierno **tenga** razón *(subjonctif)*
je ne dis pas que le gouvernement a raison

yo no dije que Juan **había llegado** *(indicatif)*
je n'ai pas dit que Juan était arrivé

La première de ces deux phrases constitue l'expression d'une opinion. La seconde relate des événements qui ont eu lieu (ou n'ont pas eu lieu) dans le passé.

3 Les verbes exprimant le doute ou le démenti à la forme négative

Si un verbe exprimant le doute ou le démenti est employé à la forme négative, on peut le faire suivre soit du subjonctif, soit de l'indicatif. On emploie l'indicatif si le locuteur est particulièrement certain de ce qui est dit :

no dudo que tengas/tienes razón

L'emploi de **tengas** sous-entend à peu près "je ne doute pas que tu aies raison", tandis que l'emploi de **tienes** signifie "je suis sûr que tu as raison". Comparez aussi :

no niego que sea posible hacerlo
je ne nie pas qu'il soit (éventuellement) possible de le faire

no niego que es posible hacerlo
je ne nie pas qu'il soit possible de le faire (= il est possible de le faire et je ne le nie pas)

B LES CONDITIONS

En espagnol, les conditions peuvent être classées en deux grandes catégories, chacune d'elles nécessitant un emploi différent du verbe :

TYPE	DÉFINITION	VERBE
conditions "aléatoires"	celles qui peuvent être ou ne pas être réalisées, celles dont l'issue n'a pas encore été décidée	indicatif
conditions non réalisées	celles qui sont présentées comme n'étant pas réalisées, celles que le locuteur pense ne pas être vraies ou n'avoir pas été réalisées	subjonctif

Vous devez savoir avec certitude à quel type de condition vous avez affaire, puisque les règles concernant l'expression des différents types de conditions sont très différentes les unes des autres.

Si la condition est considérée comme étant aléatoire dans la mesure où elle pourrait être ou ne pas être réalisée, on emploie l'**indicatif** (à une exception près : voir les conditions aléatoires dans le futur page 228) :

si llueve mañana, iré al cine
s'il pleut demain, j'irai au cinéma

Si la condition est considérée comme étant bel et bien irréelle, dans la mesure où elle n'a pas été réalisée ou ne peut pas être réalisée, on emploie le **subjonctif** dans la proposition commençant par si :

si fuera rico, no trabajaría
si j'étais riche, je ne travaillerais pas

Notez que les temps employés en espagnol sont, dans tous les cas, identiques au français, les différences entre les deux langues étant liées aux emplois du mode (indicatif et subjonctif)

1 Les conditions aléatoires

Les conditions aléatoires en espagnol peuvent faire référence au présent, au futur ou au passé. Elles sont exprimées de la manière suivante :

COMMUNIQUER EN ESPAGNOL

a) *Dans le présent*

Les conditions aléatoires dans le présent sont exprimées en espagnol par le **présent de l'indicatif**. Le verbe de la principale est généralement au présent de l'indicatif ou quelquefois à l'impératif :

si quieres evitar más problemas, cállate
si tu ne veux pas avoir d'autres problèmes, tais-toi

si no te gusta éste, puedes tomar otro
si celui-ci ne te plaît pas, tu peux en prendre un autre

b) *Dans le futur*

Les conditions liées au futur sont par définition aléatoires, leur issue n'étant pas connue au moment où l'on parle. Les conditions futures sont exprimées en espagnol par le **présent de l'indicatif**. Le verbe de la principale est en général au futur (qu'il exprime ou non un engagement personnel de la part du locuteur ; voir page 146).

si vuelves borracho, te mato
si tu rentres ivre, je te tue

si no lo termino a tiempo, no podré salir
si je ne le finis pas à temps, je ne pourrai pas sortir

si hace bueno mañana, iremos a la playa
s'il fait beau demain, nous irons à la plage

Remarque :

Cependant, une condition aléatoire dans le futur peut être rendue à l'**imparfait du subjonctif** si le locuteur souhaite ajouter une nuance d'improbabilité. On emploie alors le conditionnel dans la principale :

si hicieras eso, los otros se enfadarían
si tu faisais cela, les autres seraient contrariés

Il s'agit là d'une hypothèse plus improbable que :

si haces eso, los otros se enfadarán
si tu fais cela, les autres seront contrariés

mais elles se situent toutes deux dans le futur.

COMMUNIQUER EN ESPAGNOL

En espagnol de tous les jours, on emploie fréquemment como + présent du subjonctif pour exprimer une condition dans le futur. On emploie toujours le subjonctif dans cette construction bien que la condition soit aléatoire :

como llegues tarde me enfado
si tu arrives en retard je serai fâchée

On n'emploie pas como et si indifféremment dans tous les cas. Dans le doute, il est toujours plus prudent d'employer si.

c) *Dans le passé*

Dans le cas de conditions aléatoires faisant référence au passé, on met le verbe au même temps qu'en français :

si no ha hecho sus deberes, no podrá salir
s'il n'a pas fait ses devoirs, il ne pourra pas sortir

Il pourrait en fait les avoir faits. Vous exprimez cette condition précisément parce que vous n'en êtes pas sûr. La condition peut en fait avoir été réalisée.

si lo utilizó, sabrá cómo funciona
s'il s'en est servi, il saura comment cela marche

Vous ne pouvez pas dire avec certitude s'il s'en est servi ou non.

si no llovía, ¿por qué estás mojado?
s'il ne pleuvait pas, pourquoi es-tu mouillé ?

2 Les conditions non réalisées

Les conditions non réalisées ne sont, par définition, liées qu'au présent et au passé.

a) *Le présent*

Les conditions non réalisées liées au présent sont exprimées en espagnol par l'**imparfait du subjonctif**. On peut utiliser l'une ou l'autre forme de l'imparfait du subjonctif. Le verbe de la principale est généralement, mais pas toujours, au conditionnel :

si Juan estuviera aquí, hablaría con él
si Juan était là, je lui parlerais

C'est-à-dire "s'il était là maintenant". Vous ne diriez pas cela à moins de penser qu'il n'est pas là. Le fait qu'il se pourrait qu'il soit là n'a aucune importance ici. Selon vous, il s'agit d'une condition non réalisée.

si tuviera dinero, iría a España
si j'avais de l'argent, j'irais en Espagne

si fuera más barato, lo compraríamos
si c'était moins cher, nous l'achèterions

Là encore, vous ne dites cela que parce que vous ne pensez pas avoir assez d'argent.

b) *Le passé achevé*

Les conditions non réalisées liées au passé achevé sont exprimées en espagnol par le **plus-que-parfait du subjonctif** (soit la forme hubiera, soit la forme hubiese). Elles sont non réalisées dans la mesure où les événements en question n'ont pas eu lieu. Le verbe de la principale est généralement au passé composé du conditionnel ou, moins couramment, au plus-que-parfait du subjonctif (forme hubiera) :

si lo hubiéramos sabido, habríamos (*ou* hubiéramos) venido
si nous l'avions su, nous serions venus

Nous ne savions pas, donc nous ne sommes pas venus.

si hubieras llegado a tiempo, lo habrías (*ou* hubieras) visto
si tu étais arrivée à temps, tu l'aurais vu

3 De + infinitif

Dans la langue écrite d'un niveau soutenu on exprime parfois une condition en employant de suivi de l'infinitif :

de continuar así, suspenderá el examen
s'il continue comme ça, il va rater son examen

Pour le passé, on emploie l'infinitif passé composé :

de haberlo sabido, no habría venido
si j'avais su, je ne serais pas venu

4 Les conditions négatives

Toute condition peut être mise à la forme négative en plaçant simplement no devant le verbe de la subordonnée qui exprime la condition, ou bien en employant une autre négation :

si no haces tus deberes, no podrás salir
si tu ne fais pas tes devoirs, tu ne pourras pas sortir

Les conditions négatives peuvent aussi être exprimées par a menos que ou, dans un langage plus soutenu, par a no ser que. Ces deux locutions signifient "à moins que" et sont toujours suivies du temps qui convient au mode subjonctif :

saldremos mañana a menos que/a no ser que llueva
nous sortirons demain à moins qu'il ne pleuve

5 Les conditions introduites par des locutions conjonctives

Le verbe des subordonnées conditionnelles introduites par une locution conjonctive est toujours au **subjonctif**. Les locutions les plus courantes sont les suivantes :

en caso de que	*au cas où, si*
a condición de que	*à condition que*
con tal que	*pourvu que, à condition que*
siempre que	*du moment que, pourvu que*

en caso de que venga, se lo diré
s'il vient, je le lui dirai

puedes salir con tal que prometas volver antes de medianoche
tu peux sortir pourvu que tu promettes d'être de retour à minuit au plus tard

los compraremos a condición de que sean baratos
nous les achèterons à condition qu'ils soient bon marché

6 Remarques

Si **si** signifie "lorsque", "chaque fois que", il introduit alors une proposition temporelle et seul l'**indicatif** est employé :

si tenía mucho que hacer, nunca salía antes de las nueve
si j'avais beaucoup à faire, je ne sortais jamais avant neuf heures

Si **si** a le sens de "si... ou non", il introduit une interrogation indirecte et, là encore, on emploie l'**indicatif** :

me preguntó si lo haría
elle m'a demandé si je le ferais (ou non)

no sé si vendrá
je ne sais pas s'il viendra (ou non)

COMMUNIQUER EN ESPAGNOL

LES DEMANDES ET LES ORDRES

1 Les demandes formulées directement

a) *En espagnol courant*

Les Espagnols sont relativement directs dans leur manière de formuler des demandes :

¿me pasas esa revista? ¿me prestas diez euros?
tu me passes ce magazine ? *tu me prêtes dix euros ?*

On peut asssi formuler une demande de façon moins directe en employant poder à la forme qui convient + **infinitif** :

¿puedes abrir la ventana?
est-ce que tu peux ouvrir la fenêtre ?

¿podría decirme qué hora es?
est-ce que vous pourriez me donner l'heure ?

L'emploi de l'expression hacer el favor de + infinitif est aussi possible pour marquer une plus grande politesse :

¿me hace el favor de cerrar la ventana?
est-ce que vous pourriez fermer la fenêtre, s'il vous plaît ?

b) *Les demandes polies*

On peut présenter une demande en employant un niveau de langue beaucoup plus soutenu, en particulier à l'écrit. Les expressions les plus courantes dans cette catégorie sont tenga(n) la bondad de + infinitif et le(s) ruego que + subjonctif :

tenga la bondad de cerrar la puerta
ayez la gentillesse de fermer la porte

Dans le langage très soutenu que l'on emploie en espagnol pour rédiger des lettres d'affaires, le que est parfois omis après le(s) ruego. N'employez pas cette tournure dans d'autre contexte que celui de la correspondance commerciale :

les rogamos nos manden dos cajas
veuillez nous envoyer deux boîtes

c) *Les demandes extrêmement polies*

Dans un niveau de langue très soutenu en espagnol, on rencontre encore parfois la forme de l'impératif sírvase (d'un emploi rare par ailleurs). Lorsque l'on s'adresse à plus d'une personne, on emploie la forme sírvanse. Cette construction est réservée à la correspondance commerciale et à la signalisation officielle :

sírvanse mandarnos más información
veuillez nous faire parvenir de plus amples informations

2 Les demandes indirectes

Étant donné qu'une demande indirecte fait toujours intervenir au moins deux sujets, le verbe est toujours suivi d'une proposition subordonnée dont le verbe est au **subjonctif**.

Le verbe le plus fréquemment employé pour introduire une demande indirecte est pedir. Dans un niveau de langue plus soutenu, rogar est encore parfois employé de préférence à pedir :

le pedí que se callara
je lui ai demandé de se taire

nos rogaron que les ayudáramos
ils nous ont demandé de les aider

Remarque :

Il est primordial de ne pas confondre pedir et preguntar. Preguntar signifie "poser une question" et sert à introduire une question indirecte, sans faire intervenir l'idée de demande.

On peut exprimer une demande pressante à l'aide de verbes comme suplicar :

me suplicó que no revelara su secreto
il m'a supplié de ne pas révéler son secret

3 Les ordres à la forme indirecte

Pour les ordres directs (l'impératif), voir pages 114-15, 158-9.

Un ordre indirect fait toujours intervenir au moins deux sujets, ce qui entraîne normalement l'emploi d'une proposition subordonnée dont le verbe est au **subjonctif** :

me dijo que lo hiciera inmediatamente
il m'a dit de le faire immédiatement

insistimos en que nos lo devuelvan ahora mismo
nous insistons pour que vous nous le rendiez immédiatement

Cependant, les verbes mandar et ordenar appartiennent à un petit groupe de verbes pouvant être directement suivis de l'infinitif (voir page 138) :

me mandó salir del edificio
il m'a ordonné de quitter le bâtiment

 D LES INTENTIONS ET LES OBJECTIFS

1 Pour déclarer une intention

Pour déclarer simplement une intention, on emploie le verbe pensar ou l'expression tener la intención de, l'un et l'autre suivis de l'infinitif. À l'oral, on emploie aussi souvent la construction tener pensado + **infinitif** :

pensamos ir en coche/tenemos la intención de ir en coche
nous pensons y aller en voiture

tengo pensado salir esta noche
j'ai l'intention de sortir ce soir

2 L'expression des objectifs

a) *Les phrases à un seul sujet*

Si la phrase fait intervenir une seule personne, les objectifs sont généralement exprimés par la préposition para suivie de l'**infinitif**. Dans un langage plus soutenu, on emploiera a fin de, con el fin de, con la intención de, con el objetivo de ou con la finalidad de, toutes ces expressions devant être suivies de l'**infinitif** :

lo hice para ganar un poco de dinero
j'ai fait cela pour gagner un peu d'argent

me dirijo a Vds. con el objetivo de pedir información
je vous écris afin de vous demander des renseignements

Après les verbes de mouvement, l'intention est généralement exprimée par la préposition a suivie de l'infinitif, bien qu'on puisse aussi employer para :

vine aquí a hablar contigo
je suis venue ici pour te parler

D'autres verbes sont suivis de différentes prépositions (voir pages 139-41) :

luchaban por mejorar sus condiciones de vida
ils luttaient pour l'amélioration de leurs conditions de vie

b) *Les phrases à deux sujets différents ou plus*

Si la phrase fait intervenir plus d'un sujet, on doit employer **para que** suivi du **subjonctif** :

los ayudamos para que pudieran acabarlo pronto
nous les avons aidés pour qu'ils puissent terminer plus tôt

Les autres conjonctions données précédemment (**a fin de**, etc.) peuvent aussi être employées. Elles sont alors suivies de **que** et du subjonctif :

me voy, a fin de que puedan empezar inmediatamente
je m'en vais afin qu'ils puissent commencer immédiatement

E "MALGRÉ", "EN DÉPIT DE", "BIEN QUE" ET AUTRES NOTIONS SIMILAIRES

1 "Malgré", "en dépit de"

La façon la plus simple d'indiquer que l'on fait peu de cas d'une difficulté ou d'un obstacle consiste à employer la préposition composée **a pesar de** suivie du nom. À l'écrit, on emploie quelquefois **pese a** au lieu de **a pesar de** :

decidió continuar a pesar de las dificultades
il a décidé de continuer en dépit des difficultés

2 "Bien que", "même si"

On exprime la notion de "bien que" soit par **aunque** soit par **a pesar de que**. À l'écrit **si bien** est assez couramment employé à la place de **aunque**.

Aunque peut être suivi de l'indicatif ou du subjonctif selon la manière dont le locuteur perçoit la difficulté. L'**indicatif** suggère une difficulté réelle (= *bien que*) tandis que le **subjonctif** implique une difficulté potentielle (= *même si*) :

no se ha puesto el abrigo aunque hace mucho frío *(indicatif)*
il n'a pas mis son manteau bien qu'il fasse très froid

continuaremos aunque haya problemas *(subjonctif)*
nous continuerons même s'il y a des problèmes

A pesar de que est surtout employé pour faire référence à une action dans le présent ou le passé et est donc généralement suivi de l'**indicatif** :

lo hizo a pesar de que nadie estaba de acuerdo con él
il l'a fait bien que personne n'ait été d'accord avec lui

Si bien est toujours suivi de l'**indicatif** :

se cambiará la ley, si bien hay mucha oposición
la loi sera modifiée bien qu'il y ait beaucoup d'opposition

À l'écrit, on emploie quelquefois la tournure con + **infinitif** pour exprimer l'idée de "bien que". Ce n'est cependant pas là un usage courant :

con ser pobres, viven bien
bien qu'ils soient pauvres, ils vivent confortablement

3 "Aussi" + adjectif/adverbe + "que" + verbe au subjonctif

En espagnol, on exprime cette idée de la façon suivante : por + adjectif/adverbe + que + verbe au **subjonctif** :

las compraremos, por caras que sean
nous les achèterons, aussi chères qu'elles soient

no dejaré de hacerlo, por difícil que parezca
je ne manquerai pas de le faire, aussi difficile que cela puisse paraître

por bien que lo haga, no lo aceptaré
aussi bien qu'elle le fasse, je ne l'accepterai pas

4 "Quoi que...", "qui que...", "où que..." etc. + verbe

Il existe deux manières d'exprimer cette idée en espagnol :

a) Verbe au **subjonctif** + proposition relative + verbe au **subjonctif**. Le même verbe se trouve répété dans cette construction :

lo compraremos, cueste lo que cueste
nous l'achèterons, quel que soit son prix

no quiero verle, sea quien sea
je ne veux pas le voir, qui qu'il soit

le encontraremos, esté donde esté
nous le trouverons, où qu'il soit

b) Adjectif ou pronom indéfini + que + verbe au **subjonctif**. On forme les adjectifs et pronoms indéfinis en ajoutant -quiera au relatif qui correspond (il n'y a pas de forme correspondante pour lo que) :

no quiero verle, quienquiera que sea
je ne veux pas le voir, qui qu'il soit

lo encontraremos, dondequiera que esté
nous le trouverons, où qu'il soit

Lorsque l'on met le pronom ou l'adjectif au pluriel, c'est la partie qui précède -quiera qui est mise au pluriel. Quiera lui-même est invariable :

no quiero verlos, quienesquiera que sean
je ne veux pas les voir, qui qu'ils soient

F LA NÉGATION D'UNE AFFIRMATION PRÉCÉDENTE

1 Pero et sino

On peut exprimer la notion de "mais" avec pero ou sino. On emploie no... sino pour introduire une affirmation qui s'oppose à la tournure négative qui la précède. On ne peut pas employer pero dans ce cas.

Comparez :

el coche es grande pero no cuesta mucho
la voiture est grande mais elle ne coûte pas cher

et :

el coche no es verde, sino rojo
la voiture n'est pas verte mais rouge

mi padre no es médico, sino profesor
mon père n'est pas médecin mais professeur

Si l'opposition est exprimée par une proposition, on emploie sino que :

no se come, sino que se bebe
ça ne se mange pas, ça se boit

COMMUNIQUER EN ESPAGNOL

Si l'intention ne consiste pas à marquer l'opposition, mais à ajouter une nuance d'insistance à l'affirmation qui suit, on emploie pero sí :

no conozco España, pero sí conozco Portugal
je ne connais pas l'Espagne, mais je connais le Portugal

no es moderno, pero sí interesante
ce n'est pas moderne, mais c'est intéressant

2 No es que, no porque

Ces deux expressions sont suivies d'un verbe au **subjonctif** :

no es que no tenga confianza en ti
ce n'est pas que je n'ai pas confiance en toi

lo hace no porque quiera hacerlo, sino porque no tiene más remedio
il le fait, non pas parce qu'il veut le faire, mais parce qu'il n'a pas le choix

G L'OBLIGATION

1 L'obligation d'ordre général

Il existe en espagnol un certain nombre de constructions permettant d'exprimer l'obligation dans un sens très général. Voici les plus courantes :

hay que + infinitif
es preciso + infinitif
es necesario + infinitif

Le degré d'obligation peut être accru comme suit :

es esencial + infinitif (*il est essentiel de...*)
es imprescindible + infinitif (*il est indispensable de...*)

Dans ces expressions, on ne s'adresse à personne en particulier. Elles ne font qu'exprimer une obligation d'ordre général.

hay que tener cuidado   hay que verificarlo
il faut faire attention   *il faut le vérifier*

¿hay que ser miembro para poder jugar aquí?
faut-il être membre pour jouer ici ?

será necesario verificarlo con él
il faudra vérifier cela auprès de lui

COMMUNIQUER EN ESPAGNOL

2 L'obligation d'ordre personnel

Les obligations d'ordre plus personnel (c'est-à-dire celles touchant des personnes ou des groupes de personnes en particulier) sont exprimées à l'aide du verbe deber + infinitif ou du verbe tener + que + infinitif :

debemos salir a las ocho en punto
nous devons partir à huit heures précises

tendrás que trabajar mucho
il te faudra travailler dur

tengo que terminarlo cuanto antes
je dois finir cela aussitôt que possible

La notion d'obligation peut être accentuée grâce à l'une des expressions indiquées précédemment au paragraphe 1 (à l'exception de hay que), suivie de que et d'un verbe au **subjonctif** :

es imprescindible que lo hagas ahora mismo
il faut absolument que tu le fasses maintenant

3 L'obligation d'ordre moral

L'obligation d'ordre moral s'exprime en espagnol à l'aide du **conditionnel** (ou, moins souvent, à l'aide de l'imparfait) du verbe deber, suivi de l'**infinitif** :

deberíamos ir a verlo
nous devrions aller le voir

Il ne s'agit pas là d'une obligation dans le sens où vous êtes forcés d'aller le voir, mais dans le sens où vous pensez que c'est là votre "devoir".

Pour mettre cette notion au passé, utilisez l'infinitif passé après deber au conditionnel :

deberíamos haberlo hecho antes
nous aurions dû le faire plus tôt

no deberías haber bebido tanto
tu n'aurais pas dû boire autant

Remarquez que c'est le verbe à l'infinitif que l'on met au passé en espagnol, et non le verbe deber.

4 Pour dire que l'on oblige quelqu'un à faire quelque chose

Cette notion est généralement exprimée par obligar ou forzar + a + infinitif. On peut aussi employer hacer + infinitif :

me obligaron a salir
ils m'ont obligé à partir

me hizo levantarme temprano
il m'a fait me lever tôt

Lorsque le verbe obligar est employé à la voix passive, verse est presque toujours préféré à ser :

me vi obligado a devolverlo
je me suis vu dans l'obligation de le rendre

H LA PERMISSION, L'INTERDICTION

1 La permission ou l'interdiction en général

Les formes les plus répandues pour exprimer la permission et l'interdiction sont construites avec le verbe poder :

¿se puede aparcar por aquí?
est-ce qu'on peut se garer par ici ?

¿puedo pasar?
est-ce que je peux entrer ?

no puedes pasar ahora
tu ne peux pas entrer maintenant

Les expressions d'interdiction qui correspondent à se puede sont se prohíbe, está prohibido ou simplement prohibido. On les trouve principalement dans la signalisation officielle :

prohibido/se prohíbe pisar el césped
interdiction de marcher sur la pelouse

On peut employer la tournure emphatique suivante :

queda terminantemente prohibido cruzar la vía
interdiction formelle de traverser la voie

2 La permission et l'interdiction appliquées à une personne en particulier

Les verbes les plus couramment employés pour exprimer la permission et l'interdiction sont de ceux qui peuvent être suivis d'un infinitif ayant un sujet différent (voir page 138). Ceci évite en général l'emploi d'une proposition subordonnée :

me dejaron entrar pero me impidieron verle
ils m'ont laissé entrer mais ils m'ont empêché de le voir

COMMUNIQUER EN ESPAGNOL

nos prohibieron fumar
ils nous ont interdit de fumer

Notez la phrase suivante, d'un usage très courant :

¿me permite?
je peux ?/vous permettez ?

Dans de nombreux cas, on peut employer un simple impératif négatif :

no digas tacos
ne dis pas de gros mots

I LA POSSIBILITÉ, L'IMPOSSIBILITÉ

1 Dans un sens personnel

La manière la plus simple d'exprimer la possibilité est d'employer le verbe **poder** :

no podré venir mañana
je ne pourrai pas venir demain

no habríamos podido hacerlo sin ti
nous n'aurions pas pu le faire sans toi

Les verbes **conseguir** et **lograr** sont employés dans le même sens (**conseguir** est le plus usité) :

no conseguimos llegar a tiempo
nous n'avons pas réussi à arriver à l'heure

logramos evitar un conflicto
nous sommes parvenus à éviter un conflit

Remarquez que **conseguir** et **lograr** sont directement suivis du verbe à l'infinitif ; ils ne prennent pas de préposition, contrairement au français où l'on doit employer la préposition "à".

Une autre possibilité consiste à employer l'expression impersonnelle **ser (im)posible**. La personne pour laquelle l'action est (im)possible devient complément d'objet indirect :

no **me** será posible venir
je ne pourrai pas venir (il ne me sera pas possible de venir)

nos fue imposible resolver el problema
nous n'avons pas pu résoudre le problème

COMMUNIQUER EN ESPAGNOL

Resultar est quelquefois employé à la place de ser :

me resultó imposible hacer lo que quería
je n'ai pas pu faire ce qu'elle voulait

Là encore, on n'emploie pas de préposition après (im)posible en espagnol.

2 En général

a) Quizá, quizás, tal vez

La possibilité, dans un sens plus général (c'est-à-dire non pas "pouvoir faire quelque chose" mais la possibilité que quelque chose ait lieu ou non), peut s'exprimer à l'aide des adverbes quizás, quizá ou tal vez. Quizás et quizá sont plus fréquemment employés.

Ils peuvent être suivis de l'indicatif ou du subjonctif, selon la probabilité de la réalisation de l'événement selon vous. L'indicatif exprime un plus grand degré de certitude que le subjonctif :

quizás venga mañana, no sé *(subjonctif)*
il viendra peut-être demain, je ne sais pas

tal vez tienes razón *(indicatif)*
tu as peut-être raison

b) *Les formes verbales*

Poder + infinitif peut aussi s'employer pour exprimer une possibilité d'ordre général :

puede haber cambios importantes dentro de poco
d'importants changements pourraient se produire bientôt

On peut aussi traduire cette idée à l'aide des expressions impersonnelles **es posible que** et **puede que** suivies de la forme du **subjonctif** qui convient :

es posible que venga mañana	**puede que no sea verdad**
il se peut qu'il vienne demain	*cela pourrait ne pas être vrai*

En fait, toute expression impersonnelle traduisant l'idée de possibilité ou d'événement fortuit est suivie du **subjonctif** :

existe la posibilidad de que surjan problemas
il est possible qu'il y ait des problèmes

COMMUNIQUER EN ESPAGNOL

Notez l'expression suivante :

parece mentira que esto haya ocurrido
il semble impossible que cela se soit produit

J LA PROBABILITÉ, L'IMPROBABILITÉ

L'adverbe probablemente (comme tous les adverbes) n'influe en rien sur le mode (indicatif ou subjonctif) du verbe :

probablemente vendrá mañana
il viendra probablement demain

Cependant, toute expression impersonnelle de probabilité ou d'improbabilité est suivie d'une proposition subordonnée dont le verbe est au subjonctif, comme en français :

es probable que salga por la tarde
je sortirai probablement ce soir (il est probable que je sorte)

es improbable que vuelva
il ne reviendra vraisemblablement pas (il est improbable qu'il revienne)

me parece increíble que consiga hacerlo
il me semble invraisemblable qu'il réussisse à le faire

tenemos que aceptar la probabilidad de que esto ocurra
il nous faut accepter le fait que cela se produira probablement

K LE REMERCIEMENT

1 Quelques tournures simples pour exprimer le remerciement

a) *Gracias et les termes équivalents*

La tournure la plus simple servant à exprimer le remerciement est bien sûr gracias. Étant donné que le fait de remercier quelqu'un fait toujours intervenir une notion d'échange (vous remerciez quelqu'un pour ce qu'il ou elle vous a donné ou pour ce qu'il ou elle a fait pour vous), la préposition employée avec gracias est toujours por (voir pages 193-4) :

muchas gracias por el regalo
merci beaucoup pour le cadeau

me dio las gracias por el regalo
il m'a remercié pour le cadeau

Un verbe employé après gracias peut être a l'infinitif simple ou à l'infinitif passé :

gracias por ayudarme/haberme ayudado
merci de m'avoir aidé

De même, tout nom ou adjectif exprimant le remerciement ou la gratitude est suivi de por :

queremos expresar nuestro reconocimiento por todo
nous souhaitons vous exprimer notre gratitude pour tout (ce que vous avez fait)

b) Agradecer

Dans un langage plus soutenu, gracias est presque toujours remplacé par le verbe agradecer à la forme qui convient.

Agradecer n'est suivi d'aucune préposition en espagnol :

les agradecemos su cooperación en este asunto
nous vous remercions de votre coopération dans cette affaire

nos agradecieron nuestra ayuda
ils nous ont remerciés pour notre aide

2 Les propositions subordonnées

Le verbe d'une proposition subordonnée placée après une expression de gratitude se met au **subjonctif**. Voici les deux tournures les plus courantes :

agradeceremos mucho que nos ayuden
agradeceríamos mucho que nos ayudasen

Ces deux expressions sont l'équivalent de "nous vous serions reconnaissants de bien vouloir nous aider". Toutes deux s'emploient en toute occasion, malgré la différence de temps.

Dans le langage soutenu propre à la correspondance commerciale, on peut omettre le que de cette expression. N'employez pas cette tournure dans d'autres contextes :

agradeceremos nos manden diez cajas
nous vous serions reconnaissants de bien vouloir nous envoyer dix boîtes

COMMUNIQUER EN ESPAGNOL

LES SENTIMENTS, LES CRAINTES, LES ESPOIRS, LES REGRETS

1 Les sentiments

a) *Les phrases à un seul sujet*

L'expression d'un sentiment, lorsqu'il n'y a qu'un seul sujet, est suivie du verbe à l'**infinitif** :

estamos muy contentos de veros
nous sommes très heureux de vous voir

Il n'y a qu'un sujet : "nous" sommes contents et "nous" vous voyons.

espero poder hablar con él mañana
j'espère pouvoir lui parler demain

b) *Les phrases à plus d'un sujet*

Cependant, s'il y a plus d'un sujet, l'expression d'un sentiment est suivie de **que** + **subjonctif**. Les sentiments vont de l'approbation à la désapprobation, du plaisir à la colère, etc. :

me alegra que pienses así
je suis heureux que tu sois de cet avis

Remarque :

Bien que l'imparfait du subjonctif soit de nos jours inusité en français, ce n'est absolument pas le cas en espagnol et l'imparfait du subjonctif doit être employé lorsque l'on fait référence au passé. Par exemple :

le molestó que no estuviéramos de acuerdo con él
cela l'ennuyait que nous ne soyons pas d'accord avec lui

L'expression d'un sentiment peut être implicite dans une construction impersonnelle :

es triste/lógico/natural/una pena que sea así
il est triste/logique/naturel/dommage qu'il en soit ainsi

Toutes ces expressions dénotent un sentiment (même implicite) de la part du locuteur plutôt qu'une simple constatation.

COMMUNIQUER EN ESPAGNOL

Remarquez que, comme en français, le verbe n'est au subjonctif que s'il se trouve dans une proposition introduite par que dépendant directement de l'expression du sentiment. Si la proposition est introduite par porque ou si elle dépend d'un autre verbe, on n'emploie pas le subjonctif :

estaba triste porque todos le habían abandonado
il était triste parce que tout le monde l'avait abandonné

se puso furioso al ver que nadie le escuchaba
il est devenu furieux en voyant que personne ne l'écoutait

Dans ce dernier cas, la proposition dépend du verbe ver, et non de l'expression du sentiment.

2 La crainte

a) *"Avoir peur de/craindre quelque chose"*

La manière la plus simple d'exprimer la crainte est d'employer une locution comme tener miedo a, ou, moins couramment, le verbe temer. Remarquez que l'on peut employer la préposition a ou de avec tener miedo :

tengo miedo a/de los perros
j'ai peur des chiens

On peut aussi employer la locution dar miedo :

me dan miedo las arañas
les araignées me font peur

b) *"Avoir peur de/craindre que"* + *verbe*

Les règles indiquées précédemment (page 245) concernant les cas dans lesquels il y a un ou plusieurs sujets sont également valables ici :

me da miedo salir por la noche
j'ai peur de sortir la nuit

temo que surjan problemas imprevistos
je crains que des problèmes imprévus ne se présentent

Remarquez que le verbe après temer n'est pas précédé de no en espagnol.

COMMUNIQUER EN ESPAGNOL

L'expression "je crains que" est parfois employée en français pour indiquer un fait ou une possibilité, sans vraiment suggérer la peur. Temer peut aussi avoir ce sens en espagnol et est souvent employé à la forme réfléchie dans ce contexte.

Dans ce cas, temerse peut être suivi de l'indicatif ou du subjonctif. L'indicatif est employé pour faire une constatation :

me temo que lo ha perdido
je crains qu'il ne l'ait perdu (il l'a en effet perdu)

Le subjonctif suggère la possibilité que quelque chose se soit produit :

me temo que lo haya perdido
je crains qu'il ne l'ait perdu (il l'a peut-être perdu)

c) *Autres expressions*

D'autres expressions exprimant une crainte réelle sont aussi suivies du subjonctif :

se escondió por miedo a que se burlasen de él
il s'est caché de peur qu'ils (ne) se moquent de lui

3 L'espoir

a) *"Espérer" + nom*

Cette tournure se traduit simplement par esperar + construction directe :

esperábamos una respuesta más positiva
nous espérions une réponse plus positive

b) *"Espérer" + verbe*

Dans ce contexte, "espérer" est là encore généralement exprimé par le verbe esperar. Dans ce sens, esperar peut être suivi de l'indicatif ou du subjonctif (esperar, lorsqu'il signifie "attendre", est toujours suivi du subjonctif).

Lorsqu'il est suivi de l'indicatif, esperar exprime l'enthousiasme. Lorsqu'il est suivi du subjonctif, il exprime un espoir réel.

Comparez :

espero que **vendrá** *(indicatif)*
j'espère qu'il viendra (= je compte sur sa venue ; je serai déçu/contrarié s'il ne vient pas)

espero que **tenga** éxito *(subjonctif)*
j'espère que vous réussirez

Il s'agit bien, dans ce dernier exemple, d'un espoir, et l'idée de "compter sur" n'est pas sous-entendue comme dans le premier exemple.

c) *Les expressions impersonnelles*

Les expressions impersonnelles d'espoir sont suivies du **subjonctif** :

hay pocas esperanzas de que **venga**
il y a peu de chances qu'il vienne

mi ilusión es que un día **se resuelva** el problema
mon espoir, c'est qu'un jour le problème soit résolu

d) Ojalá

Dans la langue parlée, ojalá est souvent employé pour introduire une expression d'espoir. Ojalá est invariable et il est toujours suivi du **subjonctif** :

ojalá no **llueva** mañana
j'espère qu'il ne pleuvra pas demain

ojalá **venga**
j'espère qu'il viendra

4 Le regret

a) *Pour s'excuser de quelque chose*

La façon la plus simple de s'excuser consiste à dire perdón, perdona/perdone (impératif) ou lo siento. Ces expressions diffèrent dans la mesure où perdón revient à demander pardon, tandis que perdona/perdone et lo siento expriment directement le regret.

Par ailleurs, il existe une différence d'usage entre perdón d'une part et perdona/perdone et lo siento d'autre part : le premier s'utilise seul, par exemple pour s'excuser quand on bouscule quelqu'un sans le vouloir, tandis que les formes de l'impératif de perdonar ainsi que lo siento s'utilisent au sein d'une phrase :

¡ay, perdona! no te había visto
oh, pardon ! je ne t'avais pas vu

perdone, pero me tengo que ir
je regrette, mais je dois partir

lo siento, pero no será posible terminarlo hoy
je regrette, mais il ne sera pas possible de le terminer aujourd'hui

Lorsque la chose ou l'action que l'on regrette est indiquée explicitement, on n'emploie pas le lo de lo siento. Sentir se construit alors transitivement :

sentimos la molestia
nous regrettons de vous avoir dérangé

Dans un niveau de langue plus soutenu, on emploie souvent lamentar de préférence à sentir :

lamentamos la molestia que les hemos causado
nous regrettons les désagréments que nous vous avons occasionnés

b) *"Regretter" + verbe*

S'il n'y a qu'un sujet, on emploie l'infinitif. Autrement, on doit employer une proposition dont le verbe est au subjonctif, comme en français :

sentimos tener que molestarle
nous regrettons de devoir vous déranger

sentimos mucho que no hayas podido hacerlo
nous regrettons beaucoup que tu n'aies pas pu le faire

Là encore, la proposition doit dépendre directement du verbe qui exprime le regret. Si elle dépend d'un autre verbe, on emploiera alors l'indicatif, comme en français :

lamentamos informarles que ya no están disponibles
nous regrettons de vous informer qu'ils ne sont plus disponibles

Ici la proposition dépend de informar et non de lamentamos.

COMMUNIQUER EN ESPAGNOL

M LES SOUHAITS, LES DÉSIRS, LES PRÉFÉRENCES

1 Les phrases à un seul sujet

Si la phrase ne fait intervenir qu'un seul sujet, on emploie un simple infinitif :

quiero hablar contigo
je voudrais te parler

preferiría salir ahora
je préférerais sortir maintenant

valdría más empezar en seguida
il vaudrait mieux commencer tout de suite

L'expression d'un souhait peut toujours être "atténuée" en espagnol en employant l'imparfait du subjonctif de querer :

quisiéramos comer ahora
nous aimerions manger maintenant

2 Les phrases à plus d'un sujet

Dans ce cas, le verbe exprimant le souhait doit être suivi d'une proposition subordonnée dont le verbe est au **subjonctif**, comme en français :

quiero que lo hagan ellos mismos
je veux qu'ils le fassent eux-mêmes

me gustaría que Vds. empezaran en seguida
je voudrais que vous commenciez maintenant

hubiera preferido que escogiera otra cosa
j'aurais préféré que vous choisissiez autre chose

N LA SUPPOSITION

1 Le futur et le conditionnel

Outre les verbes de supposition habituels (par exemple suponer), la manière la plus simple d'exprimer la supposition en espagnol est d'employer le futur pour une supposition formulée dans le présent, et le conditionnel pour une supposition formulée dans le passé. Cette structure se traduit généralement en français par le verbe "devoir" :

supongo que vendrá
je suppose qu'il viendra

la casa estará por aquí
la maison doit être par ici

¿qué hora es? – serán las once
quelle heure est-il ? – il doit être environ onze heures

serían las cinco más o menos cuando llegó
il devait être environ cinq heures lorsqu'il est arrivé

2 Deber de + infinitif

On peut aussi exprimer la supposition à l'aide du verbe deber suivi de de + infinitif. (À ne pas confondre avec deber suivi directement d'un infinitif, qui exprime l'obligation) :

debes de estar cansada después de tanto trabajo
tu dois être fatiguée après avoir tant travaillé

20 LES EXPRESSIONS ESPAGNOLES À CONNAÎTRE

 ANNONCEZ LA COULEUR !

poner verde algo/a alguien
critiquer vertement quelque chose/quelqu'un

poner negro a alguien
mettre quelqu'un hors de soi

ponerse morado (de)
s'empiffrer (de)

> Le plus souvent employée pour indiquer qu'on a trop mangé ou trop bu, cette expression peut cependant s'appliquer à tout type d'excès. Veillez à modifier la traduction en fonction du contexte, par exemple : **en** Cuba **me puso morado de bailar salsa** *à Cuba, je n'ai pas arrêté de danser la salsa.*

pasarlas moradas para hacer algo
avoir un mal de chien à faire quelque chose

ponerse (rojo) como un tomate
devenir rouge comme une tomate

> C'est la même expression qu'en français ! Notez cependant que "rojo" est souvent omis.

estar sin blanca
être sans le sou

> La "blanca" est le nom d'une ancienne monnaie, sans grande valeur, en circulation dans l'Espagne des XVIe et XVIIe siècles.

LES EXPRESSIONS

AVEC DAR, ÇA DONNE !

dar la lata a alguien
casser les pieds à quelqu'un

dar calabazas a alguien
envoyer promener quelqu'un

> On emploie généralement cette expression dans un contexte amoureux pour indiquer le rejet d'une proposition ou d'une invitation. La traduction littérale de cette expression est "donner des potirons à quelqu'un".

dar en el clavo
mettre dans le mille, viser juste

> Il existe une autre expression très courante avec "clavo" : **como un clavo**, qui signifie "pile à l'heure" : **llegó a las 2, como un clavo** *il est arrivé à 2 heures pile.*

darle cien vueltas a alguien/algo
être dix fois mieux que quelqu'un/quelque chose

no dar pie con bola
faire tout de travers

> Pour décrire une personne maladroite ou pour qui tout va de travers, cette expression a recours à l'image de quelqu'un qui essaie de tirer dans un ballon et rate son coup.

no dar su brazo a torcer
ne pas céder, ne pas en démordre

> L'expression fait allusion à la détermination des joueurs qui s'opposent dans une partie de bras de fer.

LES EXPRESSIONS

CHERCHEZ LA PETITE BÊTE !

estar como pez en el agua
être comme un poisson dans l'eau

> C'est la même expression qu'en français, mais attention, il n'y a pas d'article devant "pez". Pour indiquer au contraire la gêne, il suffit d'imaginer le poisson hors de l'eau : **estar como pez fuera del agua** signifie "ne pas être dans son élément".

cortar *ou* **partir el bacalao**
mener la barque

> Cette expression signifie littéralement "découper la morue". La morue séchée était autrefois découpée à l'aide d'une lame très effilée dont le maniement nécessitait à la fois force et dextérité. Traditionnellement, cette tâche revenait par conséquent au chef de la poissonnerie.

estar como una cabra
avoir un grain

ESTAR DANS TOUS SES ÉTATS

estar hasta las narices (de algo)
en avoir par-dessus la tête (de quelque chose)

estar entre la espada y la pared
être entre le marteau et l'enclume

> Cette expression, qui signifie littéralement "être entre l'épée et le mur", s'emploie cette expression quand il faut choisir entre deux alternatives également insatisfaisantes ou dangereuses.

estar para chuparse los dedos
être délicieux

> Attention de ne pas confondre avec l'expression **chuparse el dedo** qui signifie "être un idiot" : **¿Te crees que me chupo el dedo?** *Tu me prends pour un idiot ?*

LES EXPRESSIONS

estar montado en el dólar
rouler sur l'or

estar por las nubes
être hors de prix

> Attention : **estar por las nubes** est un faux-ami, à ne pas confondre avec l'expression véritablement "amie" du français **estar en las nubes** qui signifie "être dans les nuages".

POUR PARLER DE LA PLUIE ET DU BEAU TEMPS

llover a cántaros
tomber des cordes

> Le terme "cántaro", qui signifie "cruche", ne s'utilise presque plus en dehors de cette expression.

hacer un frío que pela
faire un froid de canard

estar asado (de calor)
crever de chaud

RAPPORTS HUMAINS

echar una mano a alguien
donner un coup de main à quelqu'un

> Dans un registre plus familier, on emploie l'expression **echar un cable a alguien** ("lancer un câble à quelqu'un").

comerle el coco a alguien
prendre la tête à quelqu'un

> Attention, ne pas confondre avec l'expression **comerse el coco** qui signifie "se faire de la bile".
>
> Il existe de nombreuses expressions qui emploient le terme "coco" (qui signifie "tête" en argot) : **me duele el coco** *j'ai mal au crâne*; **tiene mucho coco** *il/elle en a dans la caboche*.

Les expressions

tomar el pelo a alguien
faire marcher quelqu'un

hacer la pelota a alguien
cirer les pompes à quelqu'un

dejar plantado a alguien
poser un lapin à quelqu'un

tirarle los tejos a alguien
courir après quelqu'un

LES CHOSES QUI SE FONT

caerse redondo
tomber raide mort

> Cette expression est également employée quand quelqu'un, après avoir trop bu ou par épuisement, ne peut plus tenir debout.

rascarse *ou* tocarse la barriga
se tourner les pouces

> La signification littérale de cette expression ("se gratter/se toucher la panse") est assez parlante : représentez-vous quelqu'un qui, après un bon repas, contemple son ventre rebondi, avant d'enchaîner sur une petite sieste.

ponerse las pilas
s'y mettre sérieusement

> Par cette formule (littéralement "se mettre les piles"), on signale qu'un effort a été ou va être fourni (par quelqu'un, par une entreprise, etc) en vue d'une amélioration.

tener la sartén por el mango
tenir les rênes, mener la barque

levantarse con el pie izquierdo
ne pas avoir de chance

> Attention, cette expression espagnole, qui signifie que tout va de travers, ne correspond donc pas à l'expression française "se lever du pied gauche" (c'est-à-dire être de mauvaise humeur).

LES EXPRESSIONS

irse al garete
tomber à l'eau

> L'expression espagnole signifie littéralement "s'en aller à la dérive".

poner las cartas sobre la mesa
mettre cartes sur table

> Si cette expression est sensiblement la même qu'en français, notez cependant la présence d'articles devant les noms "cartas" et "mesa". On peut également employer la variante **poner las cartas boca arriba**.

andarse *ou* **irse por las ramas**
tourner autour du pot

ir al grano
aller droit au but

> Cette expression évoque le tri opéré lors de la récolte du blé pour séparer le grain de la paille.

romper el hielo
rompre la glace

> La même image qu'en français sert à décrire les efforts déployés pour détendre une atmosphère tendue ou gênée.

tomarse algo a pecho
prendre quelque chose à cœur

importarle a uno un pepino
s'en ficher éperdument

tener mucha cara
ne pas manquer d'air

jugar con fuego
jouer avec le feu

> C'est la même expression qu'en français, mais attention il n'y a pas d'article devant "fuego".

LES EXPRESSIONS

coger a alguien con las manos en la masa
prendre quelqu'un la main dans le sac

> Littéralement l'expression signifie "prendre quelqu'un les mains dans la pâte".

ir sobre ruedas
aller comme sur des roulettes

hacer el agosto
faire son beurre

> Cette expression, dont la traduction littérale est "faire son mois d'août" faisait à l'origine référence aux foires de bovins, hauts lieux de commerce et d'échange qui, au Moyen-Âge, avaient surtout lieu en août. Si cette origine première est sans doute oubliée aujourd'hui, l'expression a trouvé cependant une nouvelle résonance avec le tourisme de masse qui permet de nos jours aux établissements touristiques des côtes espagnoles de vivre toute l'année sur les recettes de l'été.

dormir a pierna suelta
dormir à poings fermés

> Cette expression signifie littéralement "dormir avec une jambe relâchée". Il existe des variantes plus proches du français : **dormir como un lirón** ("dormir comme un loir"), **como un tronco** ("un tronc") ou **como una marmota** ("une marmotte").

hay una de cal y otra de arena
il y a du bon et du mauvais

apretarse el cinturón
se serrer la ceinture

LES CHOSES QUI SE DISENT

¡el mundo es un pañuelo!
comme le monde est petit !

¡jesús!
à tes/vos souhaits !

¡que aproveche!
bon appétit !

LES EXPRESSIONS

¡manos a la obra!
au boulot !

¡chócala! *ou* **¡choca esos cinco!**
tope là !

> Chocar signifie "heurter, choquer", et dans le langage familier, "toper, toucher". Le chiffre cinq fait évidemment référence aux cinq doigts de la main que l'on tend.

tener algo en la punta de la lengua
avoir quelque chose sur le bout de la langue

OÙ ? QUAND ? COMMENT ?

en el quinto infierno
dans un coin paumé, à perpète

> Cette expression signifie littéralement "au cinquième enfer". Tout comme sa variante **en el quinto pino** ("au cinquième pin"), cette expression désigne, selon le contexte, un lieu très éloigné ou très isolé.

de golpe
d'un seul coup, tout à coup

> D'autres expressions permettent d'indiquer le caractère subit d'un évènement : **de golpe y porrazo** (un "porrazo" est un coup de massue) ou encore **de sopetón** (un "sopetón" est une forte tape).

en un abrir y cerrar de ojos
en un clin d'œil

> À la différence du français, on cligne des deux yeux en espagnol.
>
> Il existe de nombreuses variantes : **en un periquete**, **en un pis-pas** (onomatopée suggérant la vitesse) ou encore **en un santiamén** (forme contractée de la formule latine *"In nome Patris, et Filii, et Spiritus Sancti, Amen* !").

por h o por b
pour une raison ou pour une autre

> L'expression peut également s'écrire en toutes lettres : **por hache o por be**.

LES EXPRESSIONS

DESCRIPTIONS

ser un lince
être un génie

> Cette expression, qui signifie littéralement "être un lynx" s'emploie pour décrire quelqu'un de subtil ou qui excèle dans ce qu'il fait.
>
> Ne confondez pas avec l'expression **tener vista de lince**, qui signifie avoir une très bonne vue et se rapproche par conséquent du français "avoir des yeux de lynx".

estar (gordo) como una foca
être très gros

> Employée avec le verbe "ponerse" à la place de "estar", cette expression, qui signifie littéralement "être gros comme un phoque", prend le sens de "devenir très gros".
> On peut également dire **estar (gordo) como una vaca**.

estar en los huesos
n'avoir que la peau sur les os

> L'image employée est proche dans les deux langues. Le verbe "estar" peut être remplacé par "quedarse".

estar como un camión
être canon

> On peut également dire "estar como un tren".

ser más feo que Picio
être laid comme un pou

estar (fuerte) como un roble
être solide comme un roc

estar (sordo) como una tapia
être sourd comme un pot

LES EXPRESSIONS

Cette expression signifie littéralement "être (sourd) comme un mur de clôture".

no ver tres en un burro
être myope comme un taupe

Cette expression signifie littéralement "être incapable de voir trois personnes sur un âne".

no es nada del otro mundo
ça n'a rien d'exceptionnel

On utilise également la variante **no es nada del otro jueves** ("ce n'est rien de l'autre jeudi").

ser del año de la nana
être vieux comme le monde

On peut aussi remplacer cette expression – dont le sens littéral est "être de l'année de la mémé" par les expressions **ser del año de la pera** ("de la poire") ou **ser del año de la polca** ("de la polka").

estar (borracho) como una cuba
être complètement rond

beber como un cosaco
boire comme un trou

fumar como un carretero
fumer comme un pompier

On remarquera qu'en espagnol on ne dit pas "jurer comme un charretier" mais "fumer comme un charretier".

hablar por los codos
être un moulin à paroles

Suivant l'expression espagnole, une personne excessivement bavarde donnerait l'impression de parler non seulement avec sa bouche mais aussi avec une partie du corps aussi incongrue que les coudes.

LES EXPRESSIONS

estar en cueros
être tout nu

> Le terme "cueros" est employé ici dans le sens de "peau". Le verbe "estar" peut être remplacé par "quedarse" pour signifier "se retrouver nu comme un ver".
>
> On peut également employer les variantes **estar como Dios lo trajo al mundo** ("être comme Dieu l'a amené au monde") et, dans un registre plus familier, **estar en pelotas** ("être à poil").

estar hecho polvo
être crevé, être vraiment déprimé

> Selon le contexte, cette expression – qui signifie littéralement "être réduit en poussière" - indique qu'on est très fatigué ou déprimé.
>
> On peut également dire **estar hecho migas** ("miettes") ou **estar hecho papilla** ("bouillie").

había cuatro gatos
il n'y avait quasiment personne

> Le chiffre 4 apparaît dans de nombreuses expressions pour indiquer une très petite quantité : **cayeron cuatro gotas** *il est tombé quelques gouttes*; **compramos cuatro cosas** *on a acheté deux-trois choses*.

PROVERBES

mucho ruido y pocas nueces
beaucoup de bruit pour rien

matar dos pájaros de un tiro
faire d'une pierre deux coups

mal de muchos, (consuelo de tontos)
c'est une bien maigre consolation

> Il n'existe pas véritablement d'équivalent en français. On souligne ainsi qu'il est idiot de penser qu'un malheur, parce qu'il est partagé, est nécessairement moindre.

sobre gustos no hay nada escrito
des goûts et des couleurs, on ne discute pas

LES EXPRESSIONS

a falta de pan, (buenas son tortas)
faute de grives, on mange des merles

> Cette expression, plus courante que son équivalent français, signifie que quand on ne peut pas avoir ce qu'on voulait, il faut se contenter de ce que l'on a.

INDEX

a (*préposition espagnole*) 136, 181
a + infinitif 139
à 181, 184, 185, 209
a condición de que 198, 231
a fin de que 198
a medida que 198
a menos que 198, 231
a no ser que 198, 231
a pesar de 235
a pesar de que 198, 235
à qui ? 79
abajo 51
acabar de 152
accent écrit 34, 85, 100, 205, 222
accent tonique 222
accentuation 34, 65, 220
accord 11, 39, 205
actif *voir* voix active
adelante 51
adjectif 11, 37
adjectif + infinitif 141
adjectifs démonstratifs 81
adjectifs indéfinis 93
adjectifs interrogatifs 85
adjectifs possessifs 76
adonde 52
¿adónde? 52, 87
adverbe 11, 40, 47
adverbes d'intensité 52
adverbes interrogatifs 86
adverbes de lieu 50
adverbes de manière 47
adverbes de temps 48
affirmation 225
âge 212

agradecer 244
al 21
al + infinitif 144
algo 52, 96
alguien 91
alguno 38, 74, 95, 97, 167
ante 182
antécédent 12, 89
antécédent indéfini 91
antécédent négatif 92
antes 48
antes de 166, 190
antes de que 154, 198
apenas 52, 169
apenas... cuando 200
apocope 12, 38, 93, 204
apposition 12, 26
aquel 81
aquél 83
aquello 83, 224
arriba 51
article défini 12, 20
article indéfini 12, 21
article neutre 28
article partitif 16, 25
así 47
así como 198
así que 198
atone *voir* formes atones
atrás 51
attribut 12
aucun 95
augmentatif 12, 43
aun 223
aún 223
aun cuando 198
aunque 157, 197, 235
aussi... que 58, 236
autant de... que 58
auto- 163
auxiliaire 13, 107
avoir 169

bajo 182
bien 47
bien... bien (*conjonction espagnole*) 200
bien que 235
bueno 38, 55
but 86, 193

C

cada vez más/menos 59
cause 86, 160, 193
ce que 28
ce qui 28, 91
celui qui 84, 88
cien, ciento 204
cierto 26
combien 28, 87
comment 87
como 52, 197
¿cómo? 47, 87
como si 156, 157
comparaison 55
comparaison d'égalité 58
comparaison d'infériorité 56
comparaison de supériorité 56
comparatif 13
comparatifs irréguliers 55
complément d'objet 13, 136 (*voir aussi* objet direct *et* objet indirect)
con 25, 136, 182
con + infinitif 140, 236
con tal que 198, 231
concordance des temps 153, 156
conditionnel 107, 153
conditionnel passé 111
conditions 227
conforme (*conjonction espagnole*) 197
conjonctions 14, 197
conjonctions de corrélation 200
conjonctions simples 197
conjugaison 99, 124
conmigo 63
conque 197

INDEX

conseguir 241
consigo 63
contigo 63
continuar + participe présent 160
contra 183
contraction 21, 90
convertirse en 171
crainte 246
creer 225
¿cuál? 86
cualquier(a) (*adjectif*) 39, 57, 95
cualquiera (*pronom*) 97
cuando 48, 154, 197
¿cuándo? 87
cuanto 59
cuanto + comparatif 59
cuánto 52
¿cuánto? 85, 87
cuyo 79, 89

dado que 198
dar 132
date 211
de 42, 60, 79, 136, 183, 211, 223
de + infinitif 139, 142, 230
de lo que 57
de manera que 198
de modo que 198
de moins en moins 59
de plus en plus 59
¿de quién? 79
deber + infinitif 239
deber de + infinitif 251
del 21, 79
del que 57
demandes 232
démenti 225
démonstratifs 14, 81
des 24
desde 184
desde que 198
désirs 250
después 48

después de que 198
devenir 171
diminutif 14, 43
diphtongue 14, 221
don, doña 27
donde 52, 224
¿dónde? 52, 87, 224
dondequiera 237
dont 79
doute 155, 225

e 197, 200
el 20, 223
él 62, 223
el cual/que 88
ella(s) 62
ello 62, 68
ellos 62
en 137, 185
en + infinitif 140
en absoluto 168
en caso de que 198, 231
en cuanto 198
encontrarse 177
entre 185
épithète 14
es decir 198
ese 81
ése 83
eso 73, 83, 224
esperar 247
espoir 247
estar 109, 130, 160, 172
estar + participe présent 144, 174
este 81, 224
éste 83, 224
esto 83, 224
et 62
être 172
exclamation 218
expressions impersonnelles 173, 242, 248

faire 177
faire + infinitif 178
faltar 180
féminin 30, 37
formes accentuées 11, 77
formes atones 12, 76
forzar 240
fractions 208
futur 102, 146, 154
futur antérieur 110, 148, 155

genre 14, 30
gracias 243
grande 39, 55
gustar 179

haber 109, 131
hace... que 179
hacer 177, 240
hacerse 171
hacia 186
hallarse 177
hasta 186
hasta que 198
hay 170
hay que + infinitif 238
heure 209
hypothèses 153

il y a 170
imparfait 103, 151
impératif 114, 158
impersonnel *voir* expressions impersonnelles
impossibilité 241
improbabilité 243
incluso 186
indéfinis 15, 93

INDEX

indicatif 99, 155
infinitif 36, 141
intentions 234
interdiction 240
interrogatifs 15, 85
interrogations directes 85, 218
interrogations indirectes 85, 165
intransitif 15
ir 133
ir + participe présent 145
ir a + infinitif 147
irrégularités 100, 102, 103, 104, 107, 112, 115

jamás 48, 166
jours 206, 210

la(s) (*article*) 20, (*pronom*) 62
lamentar 249
le (*article français*) 20, (*pronom espagnol*) 62, 72
leísmo 72
lequel 88
les (*article français*) 20, (*pronom espagnol*) 62
lieu 87
llevar + participe présent 145
lo 62, 72, 98
lo cual 91
lo de 29
lo mismo 97
lo que 28, 86, 91
lo siento 248
locutions adjectivales 15, 42
locutions adverbiales 15, 49, 51
locutions comparatives 59
locutions conjonctives 231
lograr 241
los (*article*) 20, (*pronom*) 62
luego 50

mal 47
maladies 23
malgré 235
malo 38, 55
manière 25, 87
mas 197
más 52, 55
más... que 56
masculin 30
me 62
mediante 186
medio 53
même si 235
menos 52, 55
menos... que 56
mesures 213
mi 76, 223
mí 63, 223
mientras 197
mientras que 198
mientras tanto 49, 198
mío 77
mismo 68, 95, 97
modifications orthographiques 32, 33, 61, 66, 106, 112, 115
moins... que 56
mois 206
moyen 159
mucho 55
muy 53, 61

nada 52, 57, 97, 168
nada de 167
nadie 57
ne... guère 169
ne... plus 169
ne... que 169
négations 165, 237

neutre 15
ni 197
ni... ni 200
ninguno 38, 74, 167
no es que 238
no... más que 169
no... mucho 169
no... muy 169
no obstante 198
no... pero sí 200
no porque 238
no... sino 200, 201, 237
no sólo... sino que también 200
nombre 16
nombres cardinaux 13, 203, 206
nombres décimaux 208
nombres ordinaux 16, 205, 207
noms 15, 30
noms abstraits 11, 22
noms composés 34, 36
noms de personnes *voir* personnes
noms propres 26
nos (*pronom espagnol*) 62
nosotros 62
nuestro 76
nunca 48, 57, 166

o 197, 201
o (bien)... o (bien) 200
o sea 198
objectifs 234
objet direct 13, 71, 192, 218
objet indirect 13, 71
obligar 240
obligation 238
ojalá 248
on 69, 98
ordre des pronoms 65
ordres (*instructions*) 233
ordres négatifs 64, 115, 157

INDEX

ordres positifs 64, 114, 158
os (*pronom espagnol*) 62
otro 26, 96
où 87
où que... 236

para 187, 234
para que 198, 235
¿para qué? 86
parecer 179
parecido 26
participe passé 108, 160
participe présent 107, 159
parties du corps 24, 80, 162
pas du tout 98, 168
passé 149
passé antérieur 110, 153
passé composé 109, 149
passé simple 104, 150
passif *voir* voix passive
pays 26
pedir 233
pensar 137, 225, 234
pequeño 55
perdón 248
perdona/perdone 248
permission 240
permission 240
pero 197, 237
pero sí 238
personnes 192
pertenecer 79
phrase 216
place des adjectifs 40
place des adverbes 53
place des pronoms 64
pluriel 33, 37
plus-que-parfait 110
poco 52, 55
poder 240
point d'exclamation 218
point d'interrogation 218
ponctuation 218
ponerse 171
por 187

por + **infinitif** 141
por consiguiente 198
por lo tanto 198
por... que 236
¿por qué? 86
por si 198
porque 197
possessifs 16, 76
possession 76
possibilité 241
pour 193
pourcentages 214
pourquoi 86
préférences 250
preguntar 233
prépositions 16, 181
prépositions composées 190
présent 99, 144
pretérito grave 104
primero 38
prix 213
probabilité 243
progressif 17, 109, 144
pronom 17
pronom neutre 68, 72, 83
pronoms démonstratifs 82
pronoms indéfinis 94
pronoms interrogatifs 85
pronoms personnels 62
pronoms possessifs 77
pronoms réfléchis 63, 162
pronoms relatifs 88
proposition 17
proposition subordonnée 18, 142, 155
propositions subordonnées temporelles 154
pues 197
puesto que 198

quand 87
quantité 87, 207
que 88, 197, 201

que + **infinitif** 142
¿qué? 85, 87
¿qué tal? 87
quedar 177, 180
quel 85
quelconque 95
quelques 95
quelqu'un 92
questions 164
qui 88
qui ? 86
qui que... 236
quien 88, 92, 224
¿quién? 86, 224
quienquiera 237
-quiera 237
quizá(s) 158, 242
quoi que... 236

radical 18, 99
réciprocité 163
regret 248
remerciement 243
resultar 242
rogar 233

saisons 206, 212
salvo que 198, 201
santo 39
se 63
se faire + **infinitif** 178
sea... sea 200
seguir + **participe présent** 160
según 189, 197
semejante 26
sentiments 245
ser 68, 129, 172
ser + **participe passé** 161
si 156, 197, 223, 231
sí 63, 223, 225
si bien (*conjonction espagnole*) 236
sí que 169, 225
siempre 48

INDEX

siempre que 198, 231
sigles 27, 35
simultanéité 159
sin 166, 189
sin embargo 199
sino 237
sino que 237
sírvase 232
sobrar 180
sobre (*préposition espagnole*) 189
solamente 169
sólo 169
souhaits 154, 250
structure de la phrase 216
su (*adjectif possessif espagnol*) 76
subjonctif 111, 154, 202, 227
subjonctif imparfait 114, 155, 157
subjonctif passé composé 113, 155
subjonctif plus-que-parfait 114, 157
subjonctif présent 111, 154
suffixe 18, 43
suficientemente 53
sujet 142, 217, 234, 245, 250
superlatif 19
superlatif absolu 61
superlatif relatif 26, 60
suponer 225, 250
supposition 250
suyo 77
syllabe 220

tableaux de conjugaison 124
tal 26

tal vez 158, 242
tampoco 166
tan... como 58
tan pronto como 199
tanto 52, 59
tanto + comparatif 59
tanto... como 58, 200
te 62
temer 246
temerse 247
temps 87
temps composés 107, 160
tener 134, 169
tener que + infinitif 239
tercero 38
terminaison 19, 30, 33, 43
ti 63
titre 26
todo 52, 96, 98
transitif 19
tras 189
tréma 224
triphtongue 19, 221
tu (*adjectif possessif espagnol*) 76, 223
tú 62, 69, 223
tuyo 77

u 197, 201
un peu 96
un poco 74
un (*article*) 21, (*numéral*) 204
una (*article*) 21, (*pronom*) 94, 98
unas (*article*) 21, 24, (*adjectif indéfini*) 93, 95
uno (*pronom*) 94, 98, (*numéral*) 204
unos (*article*) 21, 24, (*adjectif indéfini*) 93, 95

usted(es) 62, 69

Vd(s). 62
venir 135
venir + participe présent 145
verbes 99
verbes irréguliers 115
verbes de perception 159
verbes pronominaux 17
verbes réciproques 18
verbes réfléchis 18, 70, 128, 162
verbes suivis de l'infinitif 138
verbes suivis d'une préposition 136
verbes transitifs indirects 179
verse 177, 240
vêtements 24, 80, 162
voix active 11
voix passive 16, 161
volverse 171
vosotros 62
voyelles faibles 220
voyelles fortes 220
vuestro 76

y 197, 200, 204
ya no 50, 169
ya que 199
ya sea... ya sea 200
yo 62